湖南科技智库系列研究报告

U0642276

湖南省区域科技创新能力评价报告 | 2024

Hunansheng Quyu Keji Chuangxin Nengli Pingjia Baogao

湖南省科学技术信息研究所 著

中南大学出版社
www.csupress.com.cn

·长沙·

图书在版编目（CIP）数据

湖南省区域科技创新能力评价报告. 2024／湖南省
科学技术信息研究所著. --长沙：中南大学出版社，
2024.8.

    ISBN 978-7-5487-5939-3

Ⅰ. F124.3

中国国家版本馆 CIP 数据核字第 2024WT4123 号

湖南省区域科技创新能力评价报告 2024

湖南省科学技术信息研究所　著

□ 出 版 人　林绵优
□ 责任编辑　刘锦伟
□ 责任印制　唐　曦
□ 出版发行　中南大学出版社
　　　　　　社址：长沙市麓山南路　　　　邮编：410083
　　　　　　发行科电话：0731-88876770　　传真：0731-88710482
□ 印　　装　湖南省众鑫印务有限公司

□ 开　　本　787 mm×1092 mm　1/16　□ 印张 9.5　□ 字数 192 千字
□ 版　　次　2024 年 8 月第 1 版　　□ 印次 2024 年 8 月第 1 次印刷
□ 书　　号　ISBN 978-7-5487-5939-3
□ 定　　价　138.00 元

图书出现印装问题，请与经销商调换

湖南省区域科技创新能力评价报告 2024

编委会

主　　　任：　李贵龙

副　主　任：　匡建斌

编 著 组 组 长：　廖　婷

编著组副组长：　张　越　倪家栖

编 著 组 成 员：　雷筱娱　杨彩凤

　　　　　　　　　郭　坤　谭力铭

前 言

　　创新能力作为区域社会生产力与实力的重要组成，是区域现代化建设成效与高质量发展水平的重要支撑。湖南省深入贯彻习近平总书记关于科技创新的重要论述和对湖南重要讲话重要指示批示精神，锚定"三高四新"美好蓝图，构建湖南战略科技力量的"四梁八柱"，着力打造具有核心竞争力的科技创新高地，科技指标呈现稳中有进、稳中快进的良好态势。为持续监测评价湖南省区域科技创新能力，湖南省科学技术信息研究所基于多年持续监测评价与专业经验积累，研究形成了《湖南省区域科技创新能力评价报告2024》(以下简称"《报告》")。《报告》通过深入分析湖南省区域科技创新的现状与存在的不足，提出发展建议，既可为湖南省推进具有核心竞争力的科技创新高地建设提供重要决策参考，也可为制定区域创新政策、优化区域创新布局、选择区域创新路径、改善区域创新环境和提升区域创新能力提供有力支撑。

　　《报告》延续采用了《湖南省区域科技创新能力评价报告2022》的评价指标体系，包含5个一级指标、24个二级指标和48个三级指标，对全省、四大区域、14个市州的区域科技创新能力进行客观、真实、动态、多角度评价，从综合能力、实力、效力等不同角度全面衡量湖南省各市州科技创新发展的成效和进展。《报告》分为四部分：第一部分总结了湖南省科技创新工作成效与不足，介绍了"4+4科创工程"、科技金融改革两项科技创新工作经验，提出了推动湖南省区域科技创新发展的对策建议；第二部分对全省区域科技创新能力进行评价，包括综合情况、实力情况、效力情况、四大区域板块情况及 14 个市州区域科技创新能力发展情况；第三部分对 14 个市州科技创新能力逐一专篇分析阐述，根据评价结果提出建设性的对策建议；第四部分为附录，包括评价指标体系、指标解释、评价方法及步骤。

《报告》在撰写过程中得到了湖南省科学技术厅、湖南省统计局、湖南省财政厅、湖南省教育厅、湖南省市场监督管理局、国家税务总局湖南省税务局、长沙海关、各市州科技部门和相关业界单位的大力支持，在此一并表示感谢！

由于时间有限，《报告》在研究方面仍存在不足之处，希望各界对《报告》予以批评指正，并在本报告基础上进行更深入的分析研究，共同为加快构建区域创新体系，建设现代化新湖南做出贡献！

编委会

2024 年 7 月

目 录

第一篇 综合评价篇

第二篇　指标评价篇

第三篇　市州评价篇

附 录

第一篇　综合评价篇

一、湖南省科技创新工作成效

2022年，湖南省深入贯彻习近平总书记关于科技创新的重要论述和对湖南重要讲话重要指示批示精神，锚定"三高四新"美好蓝图，积极抢占产业、技术、人才、平台"四个制高点"，大力推进"三大支撑八项重点"工作和"4+4科创工程"建设，强化以科技创新为重点的动力支撑，探索了具有湖南特色的创新发展路子，构建湖南战略科技力量的"四梁八柱"，科技指标呈现稳中有进、稳中快进的良好态势。2022年，湖南省区域创新能力排名由全国第11位跃居第8位；全社会研发投入继续保持较快增长，研发投入总量和强度均位居全国第9位；基础研究投入占比达到6.57%，较上年提升1.55个百分点，首次达到全国平均水平；高新技术企业、科技型中小企业分别突破1.4万家、1.9万家，均位居全国前10；技术合同成交额突破2500亿元、实现翻番；高新技术产业增加值突破万亿，达11897.34亿元，同比增长12.7%，高出GDP增速8.2个百分点。

(一)战略科技力量布局初见成效

2022年，湖南省全力推进"4+4科创工程"①，整合种业、制造业、先进计算、精准医学

---

① "4+4科创工程"即"四大实验室""四个重大科学装置"的统称，其中"四大实验室"包括岳麓山实验室、岳麓山工业创新中心(实验室)、湘江实验室、芙蓉实验室；"四个重大科学装置"包括国家超级计算长沙中心、大飞机地面动力学试验平台、力能实验装置、航空发动机冰风洞装置。

等领域创新资源组建"四大实验室";聚焦"国之大者"打造"四个重大科学装置",为湖南省实现创新突破夯实基础底座;聚焦国家所需,积极承担国家重大科技战略项目,集湖南所能,持续部署实施十大技术攻关和重点研发计划,加强科研项目组织实施,有力提升科技创新体系效能。

新型实验室体系加速建设。2022年,湖南省建立健全以"四大实验室"为牵引,以全国重点实验室为核心,以省重点实验室为网络,以其他国家级创新平台为协同,领域布局合理、定位层次明晰、特色优势明显的实验室体系。2022年底岳麓山实验室、岳麓山工业创新中心(实验室)、湘江实验室、芙蓉实验室"四大实验室"均揭牌成立。加快推进在湘国家重点实验室重组及省级创新平台布局优化,杂交水稻、功率半导体与集成技术、重载快捷大功率电力机车、起重机械关键技术、极端服役性能精准制造、整车先进设计制造技术等6个实验室重组获批全国重点实验室,国家耐盐碱水稻技术创新中心、国家第三代半导体技术创新中心(湖南)挂牌运行。2022年省科技厅出台《湖南省重点实验室建设与运行管理办法》《湖南省工程技术研究中心管理办法》《湖南省技术创新中心建设与运行管理办法》,突出"出成果、出人才、出效益"目标,坚持"突出重点、加强创新、开放共用、滚动发展"建设原则,进一步规范湖南省创新平台建设与运行。截至2022年底,共批复建设各类实验室360家,其中省实验室4家,国家重点实验室19家,省重点实验室337家;建有各类技术创新中心540家,其中国家技术创新中心2家,国家工程技术研究中心14家,省级技术创新中心1家,省级工程技术研究中心523家。

重大科技基础设施加速布局。2022年,湖南省面向全省优势产业发展需要,分类推进国家超算长沙中心升级、大飞机地面动力学试验平台、力能实验装置、航空发动机冰风洞实验装置等重大科技基础设施建设,全面夯实科技创新"基座"。国家超级计算长沙中心"天河"新一代超级计算机系统正式启动运行,采用算力水平国际先进、国内领先的国防科技大学"天河"新一代超级计算机技术,打造湖南创新发展新的强劲算力引擎。大飞机地面动力学试验平台已完成土建工程,进入设备安装、调试阶段,未来将承担起国产大飞机起降系统中起落架和机轮刹车系统等关键部件的研发任务。力能实验装置一期项目(高频振动实验装置)、航空发动机风洞装置等重大科技基础设施加速推进,为轨道交通装备、中小航空发动机及航空动力等产业发展提供基础研究和技术研发等条件支撑。湖南省科技厅、发改委、财政厅三部门联合制定《湖南省重大科研基础设施和大型科研仪器开放共享管理办法》,推进以授权为基础、市场化方式运营为核心的科研设施和仪器开放共享机制,着力提升全省科研设施和仪器利用率和开放共享服务水平。

重大战略科技任务加速推进。面向国家重大需求,依托高水平国家级科技创新平台,积极对接承担国家重大科技攻关任务和面向2030重大科技创新项目、部省联动项目。

2022 年度获批国家科技资金超 23 亿元，其中，共申报国家自然科学基金项目 9381 项，较上年增长 5.1%，获国家自科基金资助超 10 亿元。聚焦"3+3+2"产业集群建设，持续凝练实施"十大技术攻关项目"，2022 年总投资合计 19.1 亿元，累计完成研发投入 5.42 亿元，累计突破关键核心技术 94 项，推动技术成果应用示范 46 项。120 个科技创新项目完成研发投入 30.7 亿元，突破关键技术 389 项。形成了一批工程样机和新产品，实现大型掘进机主轴承、8 英寸离子注入机等国产化替代，突破量子点激光器、碳化硅芯片、6 英寸分子束外延装备等重大技术。精准发布重点专项指南，围绕全省产业发展和公益民生等重点领域的技术需求，2021、2022 年立项重点研发计划 389 项。首批支持经费超 5000 万元的省级科技重大专项"超级地下工程智能成套装备关键技术研究与应用"攻克了多项国际技术难题，成就了新型举国体制下关键核心技术攻关的湖南模式。

（二）科技创新供给能力快速提升

2022 年，湖南省研发投入保持快速增长势头，有力促进了全省科技创新能力持续快速提升；不断发挥财政资金引导作用，激发创新主体活力，提升财政政策效能和资金绩效；聚焦优势领域，优化基础研究环境，加大支持力度，创新组织管理方式，推动基础研究高质量发展。

研发投入水平实现跃升。2022 年，湖南省大力实施加大全社会研发经费投入行动计划，省直部门和各市州政府协同推进，出台各类配套工作方案，强化对行业领域支持措施，带动各类创新主体持续加大研发投入。全社会研发经费投入增速连续三年保持 14% 以上，2022 年全社会研发经费投入总量达到 1175.25 亿元，位居全国第 9，较上年增长 14.22%，高于全国平均水平 4.1 个百分点，增速居全国第 5 位、中部第 2 位，其中，企业投入 984.72 亿元，较上年增长 12.10%；高校投入 129.04 亿元，较上年增长 34.20%。全社会研发经费投入强度提升至 2.41%，全国排名上升 3 位至第 9 位，中部排名上升 1 位至第 2 位，投入强度较上年提升 0.18 个百分点，提升幅度居全国第 7 位、中部第 2 位。全社会研发人员 37.19 万人，位居全国第 11，较上年增长 14.05%，全社会研发人员全时当量 25.02 万人年，位居全国第 10，较上年增长 19.51%。全省研发投入的提升体现出产业结构向高附加值、高技术含量的转变趋势。高技术产业研发经费投入 183.35 亿元，较上年增长 13.21%，投入强度（研发经费与营业收入之比）为 3.23%，高于全国平均水平 0.23 个百分点，研发人员全时当量达到 4.18 万人年，全国排名上升 3 位至第 8 位，中部排名上升 1 位至第 1 位，较上年增长 34.73%。

财政科技投入改革创新。2022 年，湖南省强化财政资金的引导、撬动作用，重点加大种业、工程机械、航空航天、先进计算、生物医药等战略性、关键性领域支持力度，全力推动科技创新高地建设。全省地方财政科技支出 279.65 亿元，全国排名上升 1 位至第 10 位，较上年增长 28.70%，增速位居全国第 4，中部第 1；地方财政科技支出占地方财政支出比重达到 3.11%，全国排名上升 2 位至第 11 位，较上年提升 0.5 个百分点，提升幅度位居全国第 4，中部第 2。出台《湖南省财政支持企业科技创新若干政策措施》，共计 21 条政策，促进创新链、产业链、政策链、资金链深度融合，推动政策措施落实落地。2022 年全面推行科技型企业知识价值信用贷款风险补偿改革，设立省级和实施区域 1：1 比例风险补偿资金，省级财政统筹 5000 万元用于省级风险补偿金，提高财政资金放大倍率，增加首贷、信用贷供给。推动研发费用加计扣除等税收优惠政策应享尽享，2022 年全省 1.8 万家企业享受研发费用加计扣除金额达 668 亿元，向 4387 家科技型企业兑现研发奖补资金超 11 亿元。

基础研究投入追平全国平均水平。2022 年，湖南省不断夯实科技基础、优化资源配置与布局结构，落实《关于全面加强基础科学研究的若干意见》《新形势下加强基础研究若干重点举措》等相关政策，坚持自由探索和战略导向相结合，优化基础研究发展环境，强化科技创新策源功能。全省基础研究经费投入达到 77.23 亿元，较上年增长 49.55%，总量居中部第 2 位，基础研究经费投入占比 6.57%，较上年提升 1.55 个百分点，首次达到全国平均水平。其中高校基础研究经费投入达到 59.31 亿元，仅次于广东、北京、江苏、上海、安徽，位居全国第 6，中部第 2，较上年增长 61.98%，位居全国第 4。聚焦制约湖南省现代化产业体系中重大技术难题、生命健康、资源环境等民生领域公益性技术攻关和重点基础前沿领域研究任务，率先在全国开展重大基础研究和应用基础研究项目揭榜、择优立项、奖榜资助、滚动支持。支持高校、科研院所和企业自主布局基础研究，加快形成一批基础研究和应用基础研究的原创性成果。科技、财政、教育三部门联合出台《湖南省科研项目经费"包干制"试点实施方案》，进一步优化科研管理、提升科研绩效，数学等纯理论基础研究项目间接费用提高至 60%，科技人才项目经费的 20% 可以用于个人奖励补助，以更鲜明的导向激励科研人员。

（三）区域孵化创新效能加速释放

2022 年，湖南省积极推进科技企业孵化载体梯次建设，创新创业载体培育能力不断提升；加大科技园区政策支持和资源整合力度，引领区域经济协同创新发展；实施政策支持、资源整合、集群培育等多措并举推动产业集群发展，进一步发挥产业集群在产业化发展中的核心作用。

孵化载体创新质效提升。 2022 年，湖南省持续加大创新创业孵化载体平台建设力度，探索发挥孵化器在全过程创新、全要素集聚、全链条加速等方面的重要作用，优化科技创新生态体系，围绕区域创新体系布局与区域产业特色，推动各类创新创业孵化机构向体系化、专业化发展，完善区域创新孵化平台与创新创业要素对接机制，充分发挥双创示范带动效应，培育建设了一批星创天地、众创空间、科技企业孵化器等创新创业孵化载体。截至 2022 年底，湖南省建成国家级科技企业孵化器 31 家，省级科技企业孵化器 80 家，省级及以上科技企业孵化器在孵企业达 6320 家、在孵高新技术企业达 608 家，申请知识产权 7800 件，授权知识产权 5286 件；拥有国家备案众创空间 68 家，省级备案众创空间 256 家；建成国家级星创天地 70 家、省级星创天地 165 家。创新创业孵化载体助力企业高成长性培育，科技型中小企业—国家级科技型中小企业—高新技术企业—创新型领军企业梯次成型，培育科技型中小企业 8075 家、高新技术企业 2847 家。

科技园区创新动力强劲。 2022 年，湖南省科技园区通过政策引导和资源整合，对区域科技创新能力全方位支撑引领作用持续增强。截至 2022 年底，湖南省建成国家高新区 9 家①，数量居全国第 5、中部第 2；省级高新区 37 家②，实现全省 14 个市州全覆盖；全省高新区以约占全省 0.18%的国土面积贡献了全省 15.83%的地区生产总值，38.49%的高新技术产业增加值；集聚了全省 40.74%的科技型中小企业，42.83%的高新技术企业，45.76%的科技企业孵化器、众创空间；吸纳科研助理岗位从业人员 5110 人，吸引外籍常驻人员和留学归国人员 5173 人。修订印发《湖南省农业科技园区管理办法》，突出农科园集聚创新资源、成果展示示范与成果转化推广等四大功能，在创新主体培育、特色产业发展、农林科研项目、资源整合和统筹发展等方面加大政策支持力度。2022 年底，全省建成国家级农业科技园区 13 家，数量居全国第 7，省级农业科技园区 30 家，集聚高新技术企业 3089 家、科技型中小企业 5012 家，带动 172.4 万人就业，实现产值近 11000 亿元。

产业集群创新优势显现。 2022 年，湖南聚力打造国家重要先进制造业高地，印发《落实〈支持先进制造业供应链配套发展的若干政策措施〉实施细则》，加快突破产业发展关键环节和短板弱项，促进上下游企业紧密合作，持续推动产业集群式发展，形成了良好的产业生态。全面疏通"3+3+2"产业集群堵点卡点，近三年投入 6.7 亿元用于产业关键核心技术攻关，取得了高速高压液压柱塞马达、大型民机起落架、工业 CAE 软件、集成电路国产化成套装备研发及产业化等一批关键技术成果。积极创建国家先进制造业集群，长沙市工

---

① 2022 年国家高新区分别为长沙高新区、株洲高新区、衡阳高新区、郴州高新区、湘潭高新区、宁乡高新区（新晋园区）、益阳高新区、怀化高新区、常德高新区。
② 2022 年省级高新区数量较 2021 年减少了 4 家，因宁乡高新区升级为国家高新区；浏阳高新区并入浏阳经开区；望城高新区并入望城经开区；开福高新区并入金霞经开区。

程机械、株洲市先进轨道交通装备、长沙市新一代自主安全计算系统、株洲市中小航空发动机等 4 个产业集群成为国家先进制造业集群，进入"世界级先进制造业集群培育池"，国家先进制造业集群数量居全国第 3、中西部第 1。先进储能材料、先进硬质材料、输变电、新能源汽车等产业在长沙、株洲、岳阳、衡阳等地集聚，成为国家先进制造业集群坚实的后备力量。郴州永兴县稀贵金属、娄底新化县电子陶瓷、益阳赫山区铝电解电容器 3 个产业集群入选国家级中小企业特色产业集群。

（四）科技引领支撑产业提质升级

2022 年，湖南省进一步深化惠企政策和惠企服务，科技型企业培育体系不断完善，企业创新主体地位持续强化；着力打造先进制造业高地，创新驱动工程机械、轨道交通、中小航空发动机及航空航天装备三大传统优势产业发展；积极布局电子信息、新材料、新能源与节能三大新兴产业，开辟发展新领域新赛道。

科技型企业培育加力提速。2022 年，湖南省出台《关于营造更好环境支持研发 促进科技型企业增量提质的实施方案（2022—2025 年）》，深入实施科技型企业"十百千万"培育工程，聚焦科技型企业梯度培育，大力实施创新主体"量质双升"行动，以支持科技型企业研发为主线，优化资助模式、完善政策措施、集聚高端人才、创造应用场景、夯实创新创业基础条件，形成支持研发创新的强大合力，确保全省科技型企业增量提质。2022 年全省科技型中小企业净增 8075 家，总数达 19476 家，全国排名第 7，较上年增长 70.83%，位居全国第 5；高新技术企业净增 2959 家，总数达 14022 家，全国排名第 10，较上年增长 26.75%，每万家企业法人中高新技术企业数达 133.97 家；新增国家专精特新"小巨人"企业 174 家、累计 399 家，新培育省级专精特新中小企业 731 家、累计 1977 家；麒麟信安、赛恩斯 2 家企业在科创板上市，全省科创板上市企业总数增至 14 家，居全国第 10、中部第 2。省级科技部门牵头，联动各市州、高新区、科技型企业密集区域，组织开展科技型企业高质量发展培育服务季专场活动，宣讲高企所得税、科企研发加计扣除、企业研发奖补等政策，惠企 2 万余家。2022 年，全省享受研发奖补的高新技术企业 3730 家，占比达到 85.02%，兑现奖补金额 9.73 亿元，占比 88.40%。全省享受研发奖补的科技型中小企业占比达到 70.87%，兑现奖补资金超 3 亿元。

优势产业发展稳步向前。2022 年，湖南省出台《湖南省先进制造业促进条例》、稳增长 26 条等政策，建立健全产业技术创新体系，推动全省工业规模迈上新台阶。2022 年全省工业增加值突破 1.5 万亿元，约占全国的 6.4%，对经济增长贡献率达 42.6%，制造业增加值占 GDP 的比重达 28.2%。创新驱动挖掘产业新增长点，强链补链壮大先进制造业，关键零部件和技术创新突破、智能制造升级与绿色化发展取得显著进展。工程机械产业汇聚全球工程机械制造商 50 强企业 5 家，年总产值超 2000 亿元，占全国比重的 1/3，产业规模连续多年保持全国第一；轨道交通产业集聚企业 397 家，其中规模工业企业 167 家，年总产值超过 1500 亿元，同比增长 12%，税收达到 33.53 亿元，同比增长 51.1%；电力机车、城际动车组、城轨车辆及轨道交通装备衍生产品占全球电力机车市场份额的 27%，位居全球第 1 位；中小航空发动机及航空航天装备产业重点企业近 500 家，产值超过 850 亿元，同比增长 13.3%，年产值占全国比重达到 75%，国内市场占有率达 75%，累计交付各类中小航空发动机 2 万余台（套），占国内交付量的 80% 以上，初步形成了包括航空新材料、中小航空发动机、北斗应用等完整的航空产业体系。

新兴产业引擎加速发力。2022 年，湖南省落实《湖南省"十四五"战略性新兴产业发展规划》，积极加快电子信息、新材料、新能源与节能等产业布局，引入高端创新要素，加大基础性、战略性、关键性技术攻关力度，打造经济增长新引擎。2022 年，湖南省电子信息产业营业收入达到 6330 亿元，同比增长 16.5%，长沙高新区、衡阳高新区下一代信息网络创新型产业集群分别获批 2022 年国家创新型产业集群，电子信息产业增长势头强劲。数字经济规模超过 1.5 万亿元，占 GDP 比重约 30%，增长 15% 以上，连续五年保持两位数高速增长，长沙在"数字经济城市发展百强榜"中排名第 15、居中部第 2。出台支持新能源汽车产业高质量发展的若干政策，支持中车时代电气、长沙比亚迪等企业，围绕电机、电控、电池三大新能源汽车关键部件开展技术攻关，新能源汽车 IGBT、汽车驱动电机等技术达到国际先进水平。新能源汽车年产量达 49.6 万辆，比上年增长 248.8%，占全省汽车总产量的 52%。2022 年，湖南新材料产业全口径营业收入约 7000 亿元，稳居全国第一方阵，拥有高新技术企业 2400 家，国家高新技术产业化基地 6 个，实现高新技术产业增加值 2700 亿元，占全省高新技术产业增加值比重达到 22.18%。

（五）科技创新生态环境持续优化

2022 年，湖南省大力实施科技体制改革三年行动计划，推动科技金融服务深度创新，加强科技伦理治理，科技创新管理体制机制不断完善；启动实施"三尖"①创新人才工程，强化青年科技人才培养支持力度，科技人才培育体系加速优化；科技成果转化创新改革不断深化，技术交易活跃，专业化技术转移服务体系加快建设，知识产权发展质效稳步提升，营造了良好的生态环境。

---

① "三尖"人才指战略科学家（"顶尖"人才）、科技领军人才（"拔尖"人才）、湖湘青年英才（"荷尖"人才）。

创新治理不断推陈出新。2022 年，湖南省科技厅印发《湖南省科技体制改革三年行动计划》，明确 21 项改革任务，坚持科技创新和制度创新"双轮驱动"，出台《湖南省自然科学基金联合基金项目管理办法》《精准服务企业科技政策》，修订省级重点实验室、工程技术研究中心、技术创新中心管理办法，推进平台布局优化与提质升级，构建了鼓励和保障科技创新的政策体系。着力打通科技、产业、金融创新服务体系，全面实施科技型企业知识价值信用贷款风险补偿、中小企业商业价值信用贷款改革试点、科技型中小企业政府采购信用融资、科技型企业融资担保及保证保险贷款补助等支持企业融资举措，有效引导金融机构加大对企业金融支持力度，2022 年，金融机构为湖南省各市州和园区 2 万多家科技型企业发放贷款超过 3500 亿元。加快建立健全省科技伦理治理体制机制，成立湖南省科技伦理治理委员会，在全国率先组建省级区域科技伦理审查中心，探索科技伦理审查机构登记和科技伦理审查试点，开展科技伦理规范制定、审查监管、宣传教育等相关工作，为实现全省科技创新高质量发展和高水平安全的良性互动提供坚实保障。

创新人才队伍持续壮大。2022 年，湖南省大力实施科教兴省、人才强省、创新驱动发展战略，加快建设国家战略人才力量。实施"三尖"创新人才工程，支持人才（团队）420 人（个），全年共有 108 人跻身国家级人才队伍，23 人获国家自然科学基金杰青、优青资助。继续实施院士带培计划，鼓励和支持院士与省科技领军人才、湖湘青年英才等优秀青年科技人才建立院士带培关系，培养壮大院士后备人才队伍。搭建"一带一路"沿线重要节点国家和城市引才网络，进一步完善吸引外籍人才来湘创新创业政策措施，举办"智汇潇湘"人才专场活动，吸引全球优秀人才来湘创新创业。截至 2022 年底，湖南拥有两院院士 43 人，国家级高层次科技人才突破 800 人，省级高层次科技人才突破 2300 人。全省研发人员较上年度增长 14.05%，全社会研发人员全时当量达到 25.02 万人年，全省研发人员中 44 岁及以下人员占比达 77.8%，一批青年科技创新人才脱颖而出。

科技成果转化持续活跃。2022 年，湖南省积极打造"标准统一化、建设分布式"的科技成果转化公共服务平台体系，潇湘科技要素大市场实现全省各市州全覆盖，建有 29 个区县和 3 个行业工作站以及 26 家省级技术转移示范机构。加强知识产权全链条管理，开展高价值专利培育工作，突出运用导向，开展存量专利的维持和转化，2022 年新增授权专利 92916 件，较上年度增长 32.52%，其中发明专利 20423 件；全省有效发明专利拥有量 87133 件，万人有效发明专利拥有量达 13.16 件，较上年度增长 2.61 件，PCT 国际专利申请受理 648 件。全省技术交易市场活跃，技术要素市场的流动性、活跃度及创新资源配置效率不断提高，2022 年全省技术合同成交数 45780 项，位居全国第 7，技术合同成交额为 2544.64 亿元，位居全国第 9，较上年增长 101.75%，其中高校技术合同成交额 29.21 亿元，较上年增长 51.21%。技术合同成交额占 GDP 比重突破 5%，位居全国第 7，较上年提升 2.49 个百分点。强化产学研用结合,打造成果转化平台,深化校地(园、企)合作机制,高校科技成果本地转化率从 2020 年的 41.92% 提升至 2022 年的 49.49%,呈现本地转化率稳步增长态势。

党的二十大召开之年,湖南省持续推进科技创新高地建设,引领支撑"三高四新"美好蓝图呈现新气象,但是全省区域科技创新能力仍待进一步提升。**一是高能级平台建设仍需提速**。我省以"4+4 科创工程"为依托培育国家战略科技力量,其引领作用"进度条"还需拉快,国家实验室和重大科学装置均未破零;高水平研究型大学和高能级科研机构的战略科技力量骨干和带头作用还需深入推进。**二是科技投入有待持续增强**。我省全社会研发经费投入强度(2.41%)较上年提升 0.18 个百分点,但较全国平均水平仍差 0.13 个百分点,中部地区落后于安徽(2.56%),低 0.15 个百分点。地方财政科技支出占地方财政支出的比重(3.11%)较上年提升 0.05 个百分点,但仍排名全国第 11、中部第 5。**三是科技成果转化效率有待提高**。我省技术合同成交额首次进入全国前十,但在中部仍居湖北、安徽之后。全省高校完成技术合同成交额 29.21 亿元,仅占全省技术合同交易总额的 1.15%,在湘高校科技成果省内转化率为 50% 左右,科技创新成果及时转化应用到产业和产业链不足。

二、湖南省科技创新专项工作介绍

(一)"4+4 科创工程":构建科创高地"四梁八柱"

2022 年,湖南省结合国家所需、未来所向、湖南所能,高标准谋划推进"4+4 科创工程",坚持"边建设、边科研、边出成果"的思路,全力打造湖南战略科技力量的砥柱和基石。对标国家战略需求和国家实验室标准,整合种业、制造业、先进计算、精准医学等领域创新资源,高起点组建岳麓山实验室、岳麓山工业创新中心(实验室)、湘江实验室、芙蓉实验室"四大实验室",打造湖南基础研究、原始创新和集成创新的主力军;聚焦"国之大者",聚焦全省最有基础、最需突破的超算、大飞机起降系统、轨道交通、航空发动机等领域,全力推进国家超级计算长沙中心、大飞机地面动力学试验平台、力能实验装置、航空发动机冰风洞装置"四个重大科学装置",为实现创新突破夯实基础底座、实现产业突围提供技术引领。截至 2022 年底,"四大实验室"全部揭牌运行并完成实体化法人登记,"四个重大科学装置"建设稳步推进,"4+4 科创工程"累计完成投资 60.82 亿元,集聚高层次人才超 1400 名，实施国家和省重大科技攻关项目超 110 个，取得重大科研成果 30 余项，各项建设取得阶段性成效。

1. 建立多方联动机制，加快战略科技力量布局

湖南省委省政府高位谋划，举全省之力推动"4+4 科创工程"建设，省委十二届三次全会通过《中共湖南省委关于深入学习宣传贯彻党的二十大精神 为全面建设社会主义现代化新湖南而团结奋斗的决定》明确高标准建设省"四大实验室""四个重大科学装置"；省政府常务会议通过"四大实验室"建设方案，并明确"省统筹、部门协同、地方联动、多方推进"的高效协同实体化运行机制。省科技厅履行牵头部门职责，积极统筹协调重点建设任务，成立专班、设立有关指挥部、出台相关运行管理办法；省发改委将岳麓山实验室、大飞机地面动力学试验平台等纳入年度重点建设项目；省财政厅统筹加大资金支持保障力度，针对"四大实验室"出台《湖南省实验室建设专项经费管理规定》；省工信厅、农业农村厅、卫健委、林业局等部门集聚行业领域创新资源，加大专项支持力度。长沙市、湘江新区、株洲市积极对接配合各部门，为"4+4 科创工程"建设提供全方位支持和服务，推动"四大实验室"总部选址落地、实体运行，全力推进"四个重大科学装置"项目建设。中南大学、湖南大学、省农科院、中车株洲电力机车研究所等参建单位围绕积极推进实验室与重大科学装置建设，加快建设强平台、聚人才、创成果、促转化，全力推进"4+4 科创工程"的高质量建设，并确保其高效运行。

2. 探索协同攻关机制，突破关键核心技术

充分发挥"4+4 科创工程"对创新资源优化的引领作用，2022 年，多部门及承担单位以建设"4+4 科创工程"为牵引，发挥一流大学、科研机构、领军企业创新人才与平台优势，坚持"边建边用"，围绕种业科技创新、先进计算、智能制造、精准医学、轨道交通、航空航天等领域布局技术攻关项目，取得了一系列重大科技成果和突破性进展。岳麓山实验室实施种业科技创新专项，全面推进种业创新技术攻关，在低镉水稻、杂交油茶、地方猪品种选育等方面取得重大新成果。岳麓山工业创新中心(实验室)通过潇湘、麓山、衡山、洞庭四个节点实验室，布局攻关自主可控工业操作系统、智能穿戴等领域关键核心技术。湘江实验室与高校和企业开展科研协同创新，布局实施 50 项科研攻关项目。芙蓉实验室取得"全球首例人脐带来源间充质干细胞治疗银屑病""全球首例人胚胎干细胞来源肝细胞治疗肝衰竭"等 4 项"全球首例"重大科研成果，实现临床诊疗技术新突破。大飞机地面动力学

试验平台创造"两个唯一①",成为国内航空刹车制动技术领跑者。超算中心天河新一代超级计算机系统试运行峰值算力达200PF,处于国内领先水平。

3. 优化人才创新环境,打造一流人才高地

以集聚高层次人才、组织高水平研发为目标,优化人才评价及支持机制,加强人才服务保障,激发人才创新活力。出台"4+4科创工程"人才专户编制,用于保障实验室人才队伍建设所需,支持岗位设置与聘用、职称评审等方面绿色通道。岳麓山实验室采取"专职与兼职相结合、固定与流动相结合"的方式引进高层次科研人员入驻实验室;湘江实验室出台《双聘人事管理办法》,筹建湘江实验室人才工作委员会,针对不同梯次人才进行精准施策,19家院士团队实现入驻;芙蓉实验室组织形成高层次人才招聘政策、研究细化相关科研及经费管理等政策文件;岳麓山工业创新中心(实验室)完成组织机构设置,召开理事会和专家委员会成立大会。培养战略科学家、打造科技领军人才和创新团队、量身定制青年科技人才梯队。多措并举优化人才发展环境,高层次人才聘用、人才入驻、人才服务、人才交流同步推动,开展多场国际国内重大学术交流,积极参与省级及国家级创新创业大赛,激发人才创新活力。

4. 推动实体与成果化进程,加速创新与产业融合

推进"四大实验室"实体化进展与成果化进度,组建专业化管理团队,推进平台、人员、科研设施仪器等一体化布局,加快培育战略科技力量标志性成果。岳麓山实验室聚焦产业集聚,围绕生物育种、产品研发、智能化配套、检验检测搭建产学研合作平台,吸引67家企业入驻。岳麓山工业创新中心(实验室)统筹推动四个节点实验室面向前沿基础与关键核心技术创新强化产业集成创新能力,其中麓山实验室以工业设计赋能产业升级,与陈善广院士创新团队共建智能人因科研中心。湘江实验室与国防科技大学、中南大学、湖南大学、湖南工商大学等7所高校合作设立分部,在百度、华为、湖南钢铁集团等36家企业单位设立创新中心,与长沙、岳阳等地市开展创新创业和应用示范合作。"四个重大科学装置"厚植前沿科技攻关基础,打造主配协同的创新生态,加速产业链与创新链相结合的布局。国家超级计算长沙中心与中国商飞、华为、中国移动、迈曦软件等公司联合开发相关应用算法软件。大飞机地面动力学试验平台与中国商飞试验团队开展转弯原理样机物理联合试验任务。力能实验装置、航空发动机冰风洞装置结合中车株机、中车株所、608所等企业现有条件,构建多位一体的检测试验体系。

---

① "两个唯一"指国内唯一的飞机机轮刹车系统、起落架系统动力学测试平台,国内唯一供应C919机轮刹车系统。

（二）科技金融改革：知识价值信用贷款助力破解融资难题

为缓解科技型企业融资难题，助力科技型企业快速成长，湖南探索开展科技型企业知识价值信用贷款风险补偿改革工作，不断完善科技金融服务体系，推动金融产品和服务模式的创新，强化金融对科技创新的支撑，在解决科技型企业融资难题以及精准服务创新主体等方面取得了显著成效。

1.缓解科技融资难题，推进知识价值信用贷款风险补偿改革

全面铺开政策。2020年底，省科技厅联合6部门牵头制定《湖南省科技型企业知识价值信用贷款风险补偿试点实施办法》，在长沙、株洲、湘潭国家级高新区，以及岳麓山大科城等4个区域，启动实施科技型企业知识价值信用贷款风险补偿试点。2022年，省科技厅再次联合相关部门出台《湖南省科技型企业知识价值信用贷款风险补偿改革实施办法》，架构起"一库、一体系、一资金、一系统"的精准科学实施模式，在14个市州全面推广科技型企业知识价值信用贷款风险补偿改革，为2700多家科技型企业发放纯信用贷款超70亿元，带动战略合作银行为2万多家科技型企业发放贷款3500亿元，破解科技型企业融资难题。

强化组织保障。成立由省科技厅等6个相关部门组成的湖南省科技型企业知识价值信用贷款风险补偿工作办公室，在市州、国家级园区等统筹实施风险补偿改革工作。省科技厅牵头组织和统筹协调改革工作，编制省级风险补偿资金安排总体计划；省财政厅负责省级风险补偿资金预算管理，对资金安排进行程序性审核，负责组织实施财政监督检查、绩效评价等工作；省地方金融监管局、省市场监管局、省人民银行长沙中心支行、湖南银保监局根据职能对知识价值信用贷款风险补偿工作进行业务指导。

优化补偿机制。各级各部门统筹协同，省级和实施区域两级财政按1：1比例共同设立知识价值信用贷款风险补偿资金，并建立3%警戒、5%熔断的风险防范机制，为逾期知识价值信用贷款提供先行代偿，省级风险补偿资金与实施区域风险补偿资金按照同比例进行补偿，总体风险补偿资金不超过贷款本金损失的80%，合作银行承担20%的风险敞口和全部利息损失。省财政厅统筹安排5000万元专项资金，用于省级风险补偿；各市州、园区充分发挥"主阵地"作用，积极稳妥推进改革举措落实落地，长沙高新区打出以信贷风险补偿机制为核心的间接融资"组合拳"，湘潭选择在特色产业领域企业率先破题，第一时间为科技型企业"输血补氧"。

提升融资效率。《湖南省科技型企业知识价值信用贷款风险补偿改革实施办法》中明

确了科技型企业知识价值信用评价指标体系评分标准，将企业的研发投入、科技人才、创新成果、高新技术产品销售等科技属性进行量化，对科技型企业科技研发能力和经营管理能力两方面进行知识价值信用评分。合作银行通过企业信用评分结果，结合企业贷款评价进行"画像"，形成优质企业"白名单"，对"白名单"企业开通绿色通道，实施先期授信，有效降低尽职调查成本，高效满足企业融资需求。截至2022年底，全省合作银行为2700余家科技型企业发放纯信用贷款，其中首贷629户，首贷金额近20亿元，首贷户数和首贷金额占比均超过23%。

2.助力企业快速成长，推动科技创新与金融服务深度融合

搭建立体化服务平台。依托潇湘科技要素大市场建设科技金融服务平台，已建成15个市州分市场和32个区县、行业工作站，全面实现潇湘科技要素大市场体系全省覆盖，初步打造了"标准统一化、建设分布式"的科技金融和成果转化公共服务平台。搭建"湘信贷"平台，依托省信用信息基础数据库，为全省市场主体提供以"信用"为核心的创新型融资服务，提高金融产品与各类科技型企业融资需求的适配性，有力服务金融政策精准有效落地。建立知识价值信用贷款风险补偿统一服务平台系统，逐步实现企业贷款申请、"白名单"推送、风补备案审核、风险补偿管理等全流程"上线"。

拓展科技金融服务。连续举办9届"双创"大赛，赋能科技型企业。2022年吸引了2000多家科技型中小企业报名参赛，整合省内外300余家创投、金融和专业服务机构参与投融资服务，有270多家企业获得融资40余亿元。组织全省科技型企业知识价值信用贷款风险补偿管理系统操作线上培训，宣讲相关政策、申报范围和申报流程，对部分企业开展"一对一"指导和上门服务。持续开展科技金融志愿者服务活动，全年开展科技金融志愿者服务活动超100场次，服务企业达500家以上。组织创投、银行、法律、财务等科技金融专家，"点对点""面对面"精准服务企业，推动创新链、产业链、资金链、人才链深度融合。

创新科技金融产品。发挥科技金融引导孵化作用，通过"种子基金"方式孵化高校科技成果，创新科技投入方式，组建政策性投融资平台湖南省产业技术协同创新公司，支持省内重点科技创新项目转化和孵化。鼓励银行积极创新金融产品，近三年共推出40余项科技金融特色产品，获得贷款的科技型企业超过万家。中国银行湖南省分行开展"惠如愿·中银科创潇湘行"专项活动，通过模型测算客户的预授信额度，共为9875户科技型企业预授信242亿元；中国建设银行湖南省分行专门出台《科创企业2022年信贷行动方案》《小微企业"科技贷"业务管理办法》，推出"科创评级、风补增信"等10种业务模式，相关金融产品和服务模式创新，为科技、产业、金融良性循环作出了示范。

强化企业上市培育。加强上市后备资源辅导和支持，多措并举拓宽科技型企业上市融资渠道。联合上交所、银行等金融机构举行"走进上交所"科技金融培训、科创板上市辅导培育、投融资路演等系列上市培育活动，持续为后备企业提供专业化、精细化培育辅导，推动湖南更多优质企业进行上市融资。2022年全省上市后备资源库入库企业达817家，其中互联网、新材料、生物医药、新能源等新兴领域的新锐企业、制造业企业数量最多，科创板上市后备企业库数量达到157家，科技创新专板挂牌企业180家，全省累计14家高新技术企业在科创板上市，首发上市融资超过230亿元，上市数量居中部第2。

三、湖南省区域科技创新发展建议

面向第二个百年奋斗新征程，湖南应锚定"三高四新"美好蓝图，全力打通创新链条，夯实创新发展底座、抢占产业技术前沿，全力打造具有核心竞争力的科技创新高地，为建设社会主义现代化新湖南贡献科技力量。

（一）夯实基础研究，激活创新源头活水

持续优化研发经费投入结构，加大基础研究投入力度。统筹协调基础研究财政投入力度，建立省级财政基础研究稳定投入机制，结合基础研究税收优惠和企业研发奖补政策引导市州、园区、高校、科研院所和企业重视和促进基础研究投入。围绕"4×4现代化产业体系"建设的长远需求，积极关注国家关于基础研究的总体部署，精准选择基础研究重点支持方向。

加快推进"4+4科创工程"实体化建设和成果化运营，对标国家实验室标准推进四大实验室建设，积极争取四个重大科学设施入列国家大科学装置。持续优化四大实验室科研任务凝练、攻关和考核激励，落实实验室主任负责制，探索高效运行管理机制，加快实施一批重大科研项目，产出一批重大标志性成果。加强指导和支持在湘国家重点实验室优化重组，推进省重点实验室优化提升，增强实验室科技创新策源能力。

加大科教融合力度，支持高校在数学、物理、化学、生物等重点基础学科领域开展前沿理论探索，推进相关"双一流"学科建设。建设一批基础学科研究中心，布局实施一批基础研究领域的重大专项、重点研发计划项目，引领和推动基础研究发展。深化自然科学基金改革，推进设立国家自然科学基金联合基金；加大省自科基金支持力度，强化对青年基础研究人员的支持力度，扩大省自科基金企业联合基金试点和支持范围。

(二)培育创新主体，打造多元创新供给

进一步强化企业创新主体地位，持续实施科技型企业梯度培育工程，建立科技型企业培育库，推动科技型中小企业孵化培育，深入推进高新技术企业增量提质，大幅提升规上工业企业研发机构和研发活动覆盖面。鼓励高新技术企业走专精特新发展路线，培养一批单项冠军企业。加大对重点高新技术企业的科技创新支持力度，支持科技领军企业做大做强。壮大科技型企业上市后备库，助力科技领军企业通过科创板上市。

支持高校、科研院所提升科技创新资源供给能力，鼓励高校、科研院所科研人员坚持"四个面向"，积极"走出去"，服务经济主战场和人民需求。鼓励和支持高校、科研院所发挥有组织科研优势，积极承担国家和省级重点科技创新项目、重大科技创新工程，服务和支撑全省科技创新大局。支持高校、科研院所围绕产业链重点领域建设一批国家级、省级技术创新平台、创新联合体，贯通基础研究、技术创新、成果转化全链条，提升产业技术创新能力和核心竞争力。

聚焦我省产业创新发展需求，坚持以技术成果为纽带、以市场需求为导向、以科技创新为核心，鼓励多元科技创新主体采取共同出资、技术入股、平台建设、协作研发等方式，加快推进新型研发机构建设。结合湘江科学城、长沙全球研发中心城市建设，积极引进大院大所、重大人才团队，支持新型研发机构建立一系列高水平研发创新平台。充分发挥新型研发机构体制机制灵活优势，以技术成果为纽带、以市场需求为导向、以科技创新为核心，聚集整合政产学研资源和社会力量，开展产业共性关键技术研发创新，服务全社会科技创新发展。

(三)强化技术攻关，构建现代产业体系

持续强化数字技术、信息化设备、自动化设备在现代石化、绿色矿业、食品加工、轻工纺织等传统产业领域应用推广，加快技术改造和设备更新，推动传统产业与新技术相结合，提高全要素生产率。健全传统产业链联合创新机制，建立常态化的龙头企业带动、上下游企业配套的产业合作机制，实现产业链上大中小企业互相支撑、互相拉动、联合创新的局面。坚持从实际出发，因地制宜、分类指导，根据现有产业基础、科研条件等，加快推广先进适用技术，促进流程智能化、工艺现代化、产品高端化。加强传统产业转移和升级的政策引导，积极对接粤港澳、长三角产业转移。

进一步夯实我省工程机械、轨道交通、现代农业、文化旅游等优势产业核心竞争力，

推进延链补链强链，强化产业链上下游配套，推动产业集群化发展。持续优化资源配置和科研组织模式，持续推进关键核心技术、"卡脖子"技术攻关，打通产业链卡点、堵点，推动产业链、价值链向高端发展。加快推进优势产业集群化发展，打造工程机械、轨道交通产业成为具有全球影响力的研发策源地、生产集聚区。推动科技创新赋能文化、旅游等产业发展，推动"科技+旅游""科技+文化"，加大数字技术在文化和旅游领域的应用，拓展智慧文旅产业广度和深度。

持续加大新兴产业科技创新资源配置，围绕数字产业、新能源、大健康、空天海洋等重点领域，加大源头技术攻关力度，重点扶持一批具有关键核心技术优势的"独角兽""瞪羚"企业成长，加快推动新兴产业融合化集群化发展，提升产业链供应链韧性和安全水平。加强未来产业前瞻布局，围绕人工智能、生命工程、量子科技、前沿材料等未来产业领域，加强战略性、引领性、颠覆性技术识别，加强基础科学研究，适度推进产业化布局，抢占新一轮科技革命和产业变革制高点。

（四）推动成果转化，加速技术熟化进程

借势《湖南省加快高等院校科技成果转化的若干措施》及其"一体系三指引"配套政策的出台，加大成果转化政策的宣贯和落实力度，推动全省科技成果转化迈上新台阶。以湘江科学城、国家高新区等为重点，集成概念验证中心、试验平台、中试基地、孵化载体等成果转化服务链，引导成果转移转化机构向功能社会化、运行规范化、服务专业化方向发展，依托潇湘科技要素大市场及其各分市场、工作站，深入挖掘成果转化供需信息，开展丰富多样的对接、路演、培训等活动，优化转化服务生态，提升成果转化活跃度。

打通创新成果输出通道，支持高校院所科研人员深入企业技术创新一线，聚焦战略性产业发展需求，开展以转化运用为导向的科研创新。鼓励高校院所健全重大项目知识产权全过程管理机制，围绕关键共性技术、前沿引领技术、现代工程技术等领域开展技术研发和知识产权布局，产出一批高价值科技创新成果，提升科技成果产出质量。鼓励高校院所盘点构建存量成果转化资源库，挖掘可转化的高价值成果，推广中南大学等高校"边盘点、边挖掘、边转化"的专利转化运用经验模式，及时转化科技成果。

提升园区、企业技术创新与成果承接转化能力，持续推动开展"双高"（高校、高新区）对接行动，打通高校、园区、企业之间技术信息供需不对称的"黑障"，构建高校科技成果在湘就地转化的主干道。强化应用场景驱动，鼓励企业牵头搭建开放式产品与场景对接平台，加速先进适用技术的转化应用与示范推广；布局建设一批由企业牵头、高校院所共同参与的研发平台，构建订单式研发的校企协同创新机制、任务型创新联合体；遴选一批

高校教授担任企业导师，推动高价值专利与企业精准对接、加速转化；组织优秀博士生深入企业一线，协助或组织开展技术难题攻关，与企业联合推进新技术、新产品、新装备、新业态及成果转化。

（五）优化创新生态，服务全民创新创业

深入推进科技体制机制改革，加快完善省委科技委的运行机制，全面强化党对全省科技创新工作的领导和统筹，持续强化科技创新在区域创新发展中的核心地位。进一步健全科技创新统筹推进和重大任务落实机制，积极推进科技计划项目改革，加大项目、平台、人才、资金一体化配置力度。健全科技伦理治理体制，加强科研诚信建设，深入推进科研减负行动，赋予科研单位和科研人员更多自主权，不断激活全社会科技创新潜能。优化创新创业生态，营造全社会创新氛围，以深刻转变政府职能为核心，切实减轻市场主体负担、降低创新成本。

坚持"破四唯""立新标"，完善人才培养、引进、使用、保障的工作机制，营造更加开放、包容的人才成长环境，聚天下英才而用之。依托高校布局和学科专业结构动态调整构建与全省技术体系、产业体系相适应的人才培养体系，加强与"新要素"和"新产业"相关领域的人才队伍培育。实施"芙蓉计划"高层次人才引进项目、"三尖"创新人才工程等，采取组团引才、品牌引才等方式，引进各层次科技创新人才、管理服务人才和专业技术人才。发挥企业引才主体作用，支持企业创新高层次人才引进方式，通过兼职教授、候鸟专家、星期天工程师等方式柔性引才。

全力推进孵化育成体系建设。联合各级双创载体，按照孵化领域分类建立完善"优势互补、资源互通、信息互享"的协同孵化机制，常态化开展成果对接、金融对接、政策培训、高企辅导等活动，服务全社会创新创业。鼓励和支持各类孵化载体优化运行体制机制，构建创业意向咨询、企业申报、创新成长和育成壮大的全链条孵化服务体系，优化目标导向的孵化载体考核评价机制，推动孵化载体市场化、专业化运营管理，提升孵化载体专业运营水平。

第二篇 指标评价篇

本评价报告沿用上年度区域科技创新能力评价指标体系，由科技创新供给力、成果产出转化力、平台载体驱动力、产业经济贡献力和创新主体竞争力5个一级指标、24个二级指标和48个三级指标构成（见附录）。本篇首先从全省14个地区、四大区域板块的角度分析科技创新能力、实力和效力的得分与排名情况，再从5个一级指标角度对比分析14个地区科技创新发展情况。

一、湖南省区域科技创新能力评价情况

（一）湖南省各地区科技创新能力情况

1. 综合情况

评价结果显示，全省14个市州科技创新能力平均得分为82.71分，高于全省平均水平地区有6个地区，其中长沙、湘潭、株洲、衡阳和岳阳科技创新能力综合得分排名全省前5位，位居全省科技创新"第一梯队"。

根据各地区区域科技创新能力综合得分（图2-1，表2-1），可以将14个市州分为3类。第1类：科技创新能力综合得分85分以上的地区，包括长沙、湘潭、株洲、衡阳和岳阳。第2类：科技创新能力综合得分低于85分，但高于78分的地区，包括常德、益阳、邵阳、娄底、郴州、永州和怀化。第3类：科技创新能力综合得分低于78分的地区，包括

湘西州和张家界。

　　从排名结果来看，排名前5地区中湘潭较上年上升1位，株洲较上年下降1位，其他3个地区位次与上年保持一致；排名较上年上升的地区还有益阳、邵阳和娄底，其中娄底较上年提升2位、邵阳和益阳较上年提升1位；永州较上年下降4位。

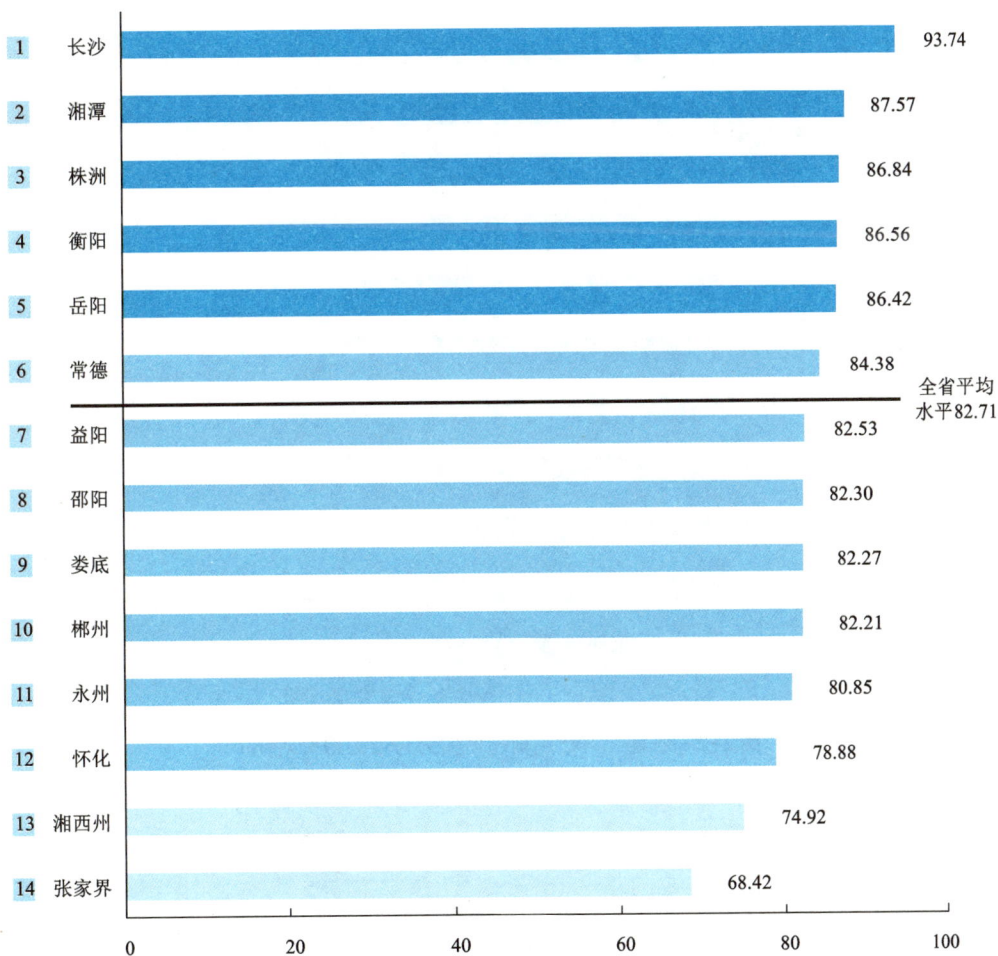

排名	地区	得分
1	长沙	93.74
2	湘潭	87.57
3	株洲	86.84
4	衡阳	86.56
5	岳阳	86.42
6	常德	84.38
7	益阳	82.53
8	邵阳	82.30
9	娄底	82.27
10	郴州	82.21
11	永州	80.85
12	怀化	78.88
13	湘西州	74.92
14	张家界	68.42

全省平均水平82.71

图2-1　各地区科技创新能力得分

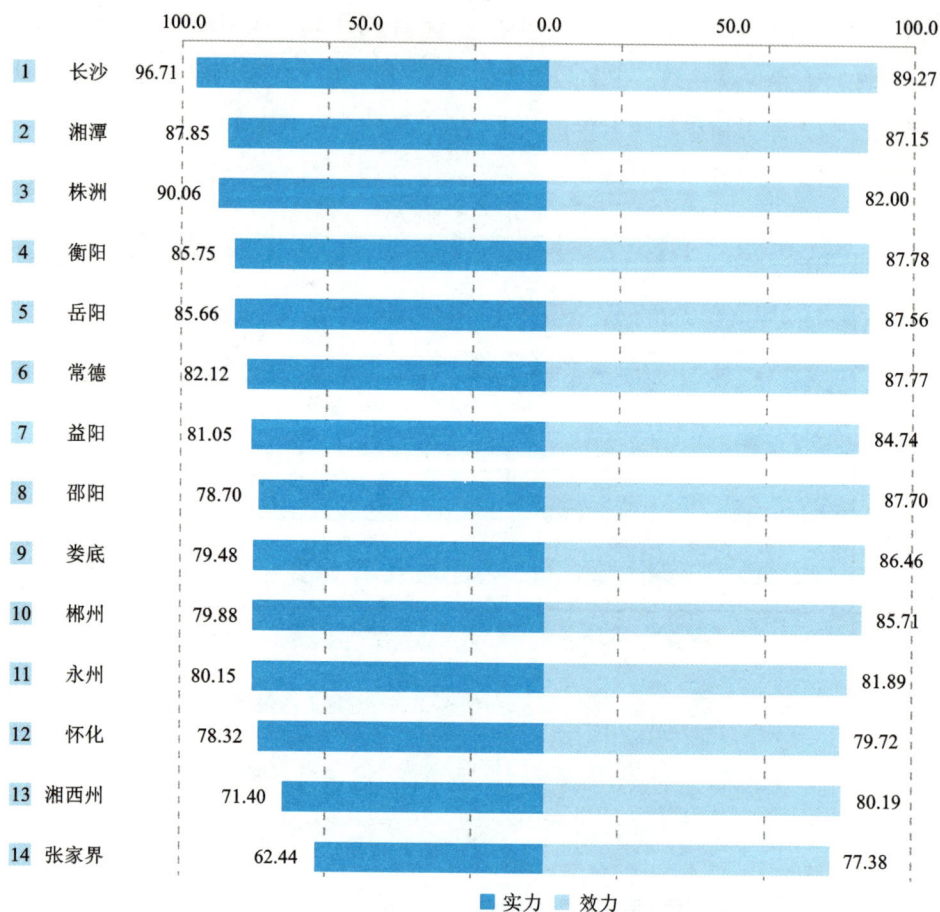

图 2-2　各地区科技创新能力实力与效力得分对比

表 2-1　各地区科技创新能力得分及排名情况

地区	科技创新能力		科技创新实力（60%）		科技创新效力（40%）	
	得分	排名	得分	排名	得分	排名
长沙	93.74↑	1	96.71↓	1	89.27↑	1↑
湘潭	87.57↑	2↑	87.85↓	3	87.15↑	6↑
株洲	86.84↓	3↓	90.06↓	2	82↓	10↓
衡阳	86.56↓	4	85.75↑	4	87.78↓	2
岳阳	86.42↓	5	85.66↑	5	87.56↓	5↓
常德	84.38↑	6	82.12↑	6	87.77↑	3↑

续表2-1

地区	科技创新能力		科技创新实力（60%）		科技创新效力（40%）	
	得分	排名	得分	排名	得分	排名
益阳	82.53↓	7↑	81.05↑	7↑	84.74↓	9↓
邵阳	82.3↑	8↑	78.7↑	11↑	87.7↓	4↓
娄底	82.27↑	9↑	79.48↑	10↑	86.46↑	7↑
郴州	82.21↑	10	79.88↑	9	85.71↑	8↑
永州	80.85↓	11↓	80.15↓	8↓	81.89↓	11↓
怀化	78.88↑	12	78.32↑	12↓	79.72↑	13
湘西州	74.92↓	13	71.4↓	13	80.19↓	12
张家界	68.42↓	14	62.44↑	14	77.38↓	14

从一级指标看（表2-2），长沙、株洲科技创新供给力均超过90分，分别为95.04分和91.38分，排名全省第1、2位，分别较上年提升2.26分和2.54分；湘潭、衡阳、郴州、岳阳和常德的得分均处于80~90分之间，其中常德较上年提升3.55分，提升幅度居全省第1位，排名较上年上升4位；益阳、邵阳、娄底、怀化和永州这5个地区得分均处在70~80分之间；湘西州和张家界得分均低于70分。

从成果产出转化力来看，长沙、湘潭成果产出转化力分别为93.22分和90.43分，排名全省前2，其中湘潭较上年提升1个位次；株洲、衡阳、常德、岳阳、益阳、娄底和永州得分处于80~90分之间，衡阳、常德、岳阳、益阳、娄底和永州得分均较上年有所提升；邵阳、怀化、郴州和湘西州成果产出转化力得分处于70~80分之间，其中邵阳较上年提升7.66分，排名较上年提升2位；张家界得分低于70分。全省14个市州中有11个地区科技成果产出得分较上年提升，其中常德实施《常德市推进创新平台建设与科技成果转化实施方案》，以市政府牵头，多部门协同模式提升常德市科技成果转化能力，成果产出转化力得分较上年提升11.04分，排名由上年的第10位提升至第5位，提升5个位次。

从平台载体驱动力来看，得分超90分的地区为岳阳90.74分，较上年提升1位；共有10个地区的平台载体驱动力处于80~90分之间，分别为衡阳、常德、湘潭、长沙、益阳、株洲、娄底、永州、湘西州和邵阳，其中衡阳、湘潭、益阳、娄底和湘西州排名均较上年有不同程度的提升；怀化、郴州和张家界得分均低于80分。

从产业经济贡献力来看，长沙得分达95.09分，大幅领先于其他地区；岳阳、湘潭位居第二梯队，得分分别为90.09分和89.22分；郴州、衡阳、永州、邵阳、株洲、娄底、怀化、益阳、常德、湘西州位居第三梯队，得分均分布在 80 ~ 86 分之间，其中衡阳和邵阳均较上年提升 4 个位次，怀化较上年提升 2 个位次，郴州、娄底均较上年提升 1 个位次，湘西州产业经济贡献力突破 80 分；张家界得分为 68.50 分，较其他地区有较大差距。

从创新主体竞争力来看，长沙展现省会担当，得分达 96.08 分，较上年提升 2.12 分，大幅领先于其他地区；共 11 个地区得分均处于 80 ~ 90 分之间，分别为衡阳、常德、岳阳、株洲、邵阳、娄底、湘潭、郴州、永州、益阳和怀化，其中娄底较上年提升 5 个位次，岳阳较上年提升 4 个位次；张家界和湘西州创新主体竞争力均低于 80 分，分别为 75.12 分和72.96 分。

表 2-2　各地区科技创新能力一级指标综合得分及排名情况

地区	科技创新能力		科技创新供给力（25%）		成果产出转化力（15%）		平台载体驱动力（15%）		产业经济贡献力（20%）		创新主体竞争力（25%）	
	得分	排名	得分	排名	得分	排名	得分	排名	得分	排名	得分	排名
长沙	93.74	1	95.04	1	93.22	1	86.38	5	95.09	1	96.08	1
湘潭	87.57	2	86.85	3	90.43	2	87.61	4	89.22	3	85.23	8
株洲	86.84	3	91.38	2	87.41	3	85.92	7	82.55	8	85.92	5
衡阳	86.56	4	85.33	4	85.16	4	89.77	2	85.09	5	87.89	2
岳阳	86.42	5	82.95	6	83.57	6	90.74	1	90.09	2	86.08	4
常德	84.38	6	81.82	7	85.15	5	88.79	3	80.69	12	86.78	3
益阳	82.53	7	79.90	8	83.53	7	86.36	6	80.88	11	83.58	11
邵阳	82.30	8	79.78	9	79.87	10	82.36	11	83.40	7	85.38	6
娄底	82.27	9	77.96	10	82.35	8	84.32	8	82.35	9	85.25	7
郴州	82.21	10	84.52	5	75.40	12	77.79	13	85.54	4	84.00	9
永州	80.85	11	74.81	12	80.14	9	82.99	9	83.79	6	83.67	10
怀化	78.88	12	75.83	11	77.47	11	78.99	12	81.43	10	80.67	12
湘西州	74.92	13	68.83	13	73.75	13	82.68	10	80.03	13	72.96	14
张家界	68.42	14	62.60	14	69.06	14	66.17	14	68.50	14	75.12	13

2. 实力情况

在科技创新实力排名中（图 2-2、表 2-3），全省实力平均得分为 81.40 分，6 个地区超过全省平均水平。长沙显著领先于其他地区，得分达到 96.71 分，株洲、湘潭、衡阳和岳阳得分均处于 85~91 分之间，分别排名第 2、3、4、5 位，其中株洲得分 90.06 分，湘潭得分 87.85 分，衡阳得分 85.75 分，岳阳得分 85.66 分；常德、益阳和永州得分均处于 80~85 分之间，分别排名第 6、7、8 位，其中常德 82.12 分、益阳 81.05 分、永州 80.15 分；郴州、娄底、邵阳、怀化和湘西州分别排名第 9 位至第 13 位，得分处于 70~80 分之间；张家界得分为 62.44 分，较上年提升 1.04 分，但仍然与其他地区有较大差距。

全省科技创新供给实力平均得分为 79.42 分，有 6 个地区得分均超过全省平均水平。长沙处于绝对领先地位，得分达 98.01 分，株洲排名第 2 位，得分为 92.65 分；湘潭、衡阳、岳阳、郴州得分均处于 80~90 分之间，分别排名第 3 至第 6 位，科技创新供给实力得分排名前 6 位地区的位次与上年保持一致；常德、益阳、永州、怀化、邵阳和娄底得分均处于 70~80 分之间；湘西州和张家界得分均低于 70 分，与其他地区差距较大。

全省成果产出转化实力平均得分为 79.71 分，较上年提升 4.96 分；长沙、株洲、湘潭的得分超过 90 分，分别为 94.23 分、90.28 分和 90.06 分；得分处于 80~90 分之间的共有 4 个地区，分别为衡阳、常德、岳阳和益阳，分别较上年提升 7.00 分、8.71 分、9.02 分和 7.70 分；得分处于 70~80 分之间的地区有娄底、永州、邵阳、怀化、郴州和湘西州，其中娄底和邵阳均较上年提升 2 位；张家界得分未达 70 分。

全省平台载体驱动实力平均得分为 81.59 分，共 6 个地区得分超过全省平均水平。长沙得分超过 90 分，达 93.54 分；岳阳、湘潭、常德、衡阳、株洲、益阳、娄底和永州 9 个地区得分均在 80~90 分之间，岳阳、衡阳和永州均较上年提升 1 个位次；邵阳、湘西州和怀化 3 个地区得分均在 70~80 分之间，湘西州较上年提升了 1 个位次；郴州和张家界得分均未超过 70 分。

全省产业经济贡献实力平均得分为 83.54 分，其中 5 个地区得分超过全省平均水平。长沙、岳阳得分超过 90 分，分别排名全省第 1、第 2 位，分别为 96.78 分和 91.74 分；郴州、湘潭、衡阳、株洲、永州、娄底、益阳和邵阳等 8 个地区得分处于 80~90 分之间，其中娄底较上年能提升 2 个位次；怀化、常德和湘西州得分均在 78~80 分之间；张家界得分未超过 70 分。

全省创新主体竞争实力平均得分为 82.57 分，8 个地区得分超过全省平均水平。长沙、株洲得分超 90 分，分别为 98.77 分和 92.75 分；衡阳、湘潭、常德、岳阳、益阳、怀化、永州、娄底、郴州和邵阳等 10 个地区得分均分布在 80~90 分之间，其中岳阳较上年提升 5 个位次，湘潭较上年提升 3 个位次，益阳和娄底均较上年提升 2 个位次；湘西州和张家界得分均与其他市州存在较大差距。

表2-3　各地区科技创新实力一级指标得分及排名情况

地区	科技创新实力		科技创新供给力(25%)		成果产出转化力(15%)		平台载体驱动力(15%)		产业经济贡献力(20%)		创新主体竞争力(25%)	
	得分	排名	得分	排名	得分	排名	得分	排名	得分	排名	得分	排名
长沙	96.71	1	98.01	1	94.23	1	93.54	1	96.78	1	98.77	1
株洲	90.06	2	92.65	2	90.28	2	85.93	6	86.39	6	92.75	2
湘潭	87.85	3	89.91	3	90.06	3	88.47	3	87.30	4	84.55	4
衡阳	85.75	4	85.17	4	82.35	4	86.33	5	86.63	5	87.33	3
岳阳	85.66	5	84.02	5	81.07	6	88.78	2	91.74	2	83.31	6
常德	82.12	6	78.99	7	82.25	5	87.35	4	79.28	12	84.31	5
益阳	81.05	7	78.52	8	80.58	7	81.46	7	81.52	9	83.24	7
永州	80.15	8	76.67	9	77.01	9	80.52	9	84.30	7	81.97	9
郴州	79.88	9	80.77	6	73.76	12	68.68	13	89.37	3	81.80	11
娄底	79.48	10	74.48	12	78.81	8	81.04	8	82.20	8	81.80	10
邵阳	78.70	11	75.10	11	76.55	10	79.56	10	81.05	10	81.21	12
怀化	78.32	12	75.67	10	74.42	11	76.79	12	79.83	11	83.02	8
湘西州	71.40	13	65.67	13	71.13	13	77.89	11	78.59	13	67.66	13
张家界	62.44	14	56.27	14	63.36	14	65.88	14	64.54	14	64.31	14

3. 效力情况

在科技创新效力排名中(图2-2、表2-4),全省效力平均得分为84.67分,有8个地区得分超过全省平均水平。全省12个地区得分高于80分,其中长沙排名全省第1位,得分为89.27分,较上年提升4.58分,排名上升7个位次;得分超过80分的地区还有衡阳、常德、邵阳、岳阳、湘潭、娄底、郴州、益阳、株洲、永州和湘西州,其中娄底较上年提升4位,常德、郴州均较上年提升2位;怀化和张家界得分均未达80分,分别为79.72分和77.38分。

全省科技创新供给效力平均得分为82.22分,有8个地区得分超过全省平均水平。得分超过90分的地区有长沙和郴州,排名全省前2位,其中长沙较上年提升7个位次;株洲、邵阳、常德、衡阳、娄底、湘潭、益阳和岳阳得分均处于80~90分之间,其中株洲较上年提升8个位次,常德较上年提升7个位次;得分处于70~80分之间的有怀化、湘西州、张家界和永州,其中怀化较上年提升 3 个位次。

全省成果产出转化效力平均得分为 85.17 分,较上年提升 2.50 分,7 个地区超过全省平均水平。长沙、湘潭排名全省前 2 位,得分均超过 90 分;得分处于 80~90 分之间的地区有常德、衡阳、益阳、娄底、岳阳、邵阳、永州、株洲和怀化,其中常德较上年提升 14.53 分,排名上升 10 位,提升幅度和提升位次均居全省第 1;得分处于 70~80 分之间的地区有郴州、湘西州和张家界,其中湘西州较上年提升 8.23 分,排名上升 1 个位次。

全省平台载体驱动效力平均得分为 86.71 分,较上年提升 5.81 分,共 7 个地区超过全省平均水平。衡阳、益阳、岳阳、郴州和常德 5 个地区得分均超过 90 分,其中郴州较上年提升 22.55 分,排名较上年提升 10 个位次;益阳较上年提升 8.77 分,排名较上年提升 3 个位次;衡阳和岳阳得分均较上年有所提升;湘西州、娄底、永州、邵阳、湘潭、株洲和怀化得分处于 80~90 分之间,其中湘西州较上年提升 20.02 分,排名较上年提升 7 个位次,娄底较上年提升 15.76 分,排名较上年提升 4 个位次,湘潭较上年提升 11.55 分;长沙、张家界得分均未超过 80 分。

全省产业经济贡献效力平均得分为 83.38 分,共有 5 个地区超过全省平均水平。长沙、岳阳得分突破 90 分,分别排名全省第 1、2 位,其中长沙较上年提升 8.09 分,排名较上年上升 11 位;湘潭得分达 92.11 分;岳阳、邵阳、怀化、永州、常德、衡阳、娄底和湘西州 8 个地区得分均处于 80~90 分之间,其中衡阳较上年提升 6 个位次,永州和湘西州均较上年提升 3 个位次;益阳、郴州、株洲和张家界 4 个地区得分均在 70~80 分之间。

全省创新主体竞争效力平均得分为 86.61 分,共有 8 个地区得分超过全省平均水平。得分超过 90 分的共有 6 个地区,分别是长沙、邵阳、张家界、常德、娄底和岳阳,其中长沙较上年提升 5.29 分,排名上升 6 个位次;张家界较上年提升 5.81 分,排名上升 7 个位次;娄底较上年提升 6.71 分,排名上升 8 个位次;得分在 80~90 分之间的地区共有 6 个,分别为衡阳、郴州、湘潭、永州、益阳和湘西州;共 2 个地区得分处于 70~80 分之间,分别为怀化和株洲。

表 2-4 各地区科技创新效力一级指标得分及排名情况

地区	科技创新效力		科技创新供给力(25%)		成果产出转化力(15%)		平台载体驱动力(15%)		产业经济贡献力(20%)		创新主体竞争力(25%)	
	得分	排名	得分	排名	得分	排名	得分	排名	得分	排名	得分	排名
长沙	89.27	1	90.57	1	91.70	1	75.65	13	92.56	1	92.04	1
衡阳	87.78	2	85.58	6	89.37	4	94.92	1	82.78	8	88.74	7

续表2-4

地区	科技创新效力		科技创新供给力（25%）		成果产出转化力（15%）		平台载体驱动力（15%）		产业经济贡献力（20%）		创新主体竞争力（25%）	
	得分	排名	得分	排名	得分	排名	得分	排名	得分	排名	得分	排名
常德	87.77	3	86.06	5	89.51	3	90.95	5	82.80	7	90.48	4
邵阳	87.70	4	86.80	4	84.85	8	86.56	9	86.92	4	91.63	2
岳阳	87.56	5	81.35	10	87.31	7	93.68	3	87.61	3	90.22	6
湘潭	87.15	6	82.26	8	90.98	2	86.32	10	92.11	2	86.26	9
娄底	86.46	7	83.20	7	87.66	6	89.24	7	82.57	9	90.43	5
郴州	85.71	8	90.14	2	77.85	12	91.44	4	79.80	12	87.30	8
益阳	84.74	9	81.96	9	87.94	5	93.71	2	79.91	11	84.10	11
株洲	82.00	10	89.47	3	83.10	10	85.92	11	76.80	13	75.69	14
永州	81.89	11	72.01	14	84.83	9	86.68	8	83.02	6	86.24	10
湘西州	80.19	12	73.57	12	77.68	13	89.87	6	82.18	10	80.92	12
怀化	79.72	13	76.08	11	82.03	11	82.30	12	83.83	5	77.14	13
张家界	77.38	14	72.09	13	77.62	14	66.62	14	74.43	14	91.34	3

（二）湖南省四大区域①科技创新能力情况

1.长株潭地区发挥核心引擎作用

从四大区域科技创新主要指标及占比来看（表2-5、表2-6），2022年，长沙、株洲、湘潭3个地区全社会研发（R&D）经费支出达634.54亿元，较上年增加89.66亿元，占全省总量的比重为53.99%，较上年提升1.03个百分点；基础研究经费支出60.28亿元，较上年增加21.22亿元，增速达54.33%，基础研究经费支出占全省的比重为78.05%，较上年提升2.41个百分点；全社会研发（R&D）人员全时当量14.58万人年，较上年增长24.08%，占全省总量的58.27%；地方财政科技支出143.75亿元，占全省总量的51.40%。

拥有有效发明专利69220件，较上年增长24.13%，占全省总量的79.44%；拥有高价

---

① 四大区域指长株潭、环洞庭湖、湘中南、大湘西四个区域，其中长株潭地区是指长沙、株洲和湘潭3市，环洞庭湖地区是指岳阳、常德和益阳3市，湘中南地区是指衡阳、郴州和永州3市，大湘西地区是指邵阳、张家界、怀化、娄底和湘西自治州5市（州）。

值发明专利 25011 件，占全省总量的 82.25%；技术合同成交额 1397.96 亿元，较上年增长 53.19%，占全省总量的 54.94%；省级及以上科技成果奖励当量为 22 项，占全省总量的比重达 85.29%。

拥有省级及以上科技园区 26 家，拥有省级及以上研发平台 788 家，占全省总量的 73.71%；省级及以上创新载体 275 家，占全省总量的 41.23%。

战略性新兴产业增加值 2375.91 亿元，占全省总量的 46.48%；高新技术产业增加值 6264.53 亿元，占全省总量的 52.65%；科技服务业产业增加值 562.23 亿元，占全省总量的 57.52%；高新技术产品出口额 379.28 亿元，占全省总量的 67.83%。

拥有高新技术企业、科技型中小企业、省上市后备企业分别为 8527 家、8885 家和 394 家，分别较上年增长 25.73%、47.91% 和 32.21%，占全省总量的 60.81%、45.62% 和 51.17%；企业研发加计扣除减免税额 482.08 亿元，占全省总量的 71.29%；创新创业大赛获奖数量 118 个，较上年增长 32.58%，占全省总量的 55.92%，较上年提升 9.32 个百分点；创新创业大赛获奖金额 1920 万元，比上年增加 830 万元，占全省总量的比重由上年度的 50.46% 提升至 62.95%。

2. 环洞庭湖地区科技创新取得新进展

从四大区域科技创新主要指标及占比来看（表 2-5、表 2-6），2022 年，岳阳、常德、益阳 3 个地区全社会研发（R&D）经费支出 213.09 亿元，较上年增长 11.28%，占全省总量的 18.13%；其中基础研究经费支出 5.13 亿元，较上年增长 46.24%；全社会研发（R&D）人员全时当量 3.55 万人年，较上年增长 12.26%，占全省总量的 14.17%；地方财政科技支出 43.29 亿元，较上年增长 33.90%，占全省总量的 10.96%，较上年度提升 0.60 个百分点。

技术合同成交额 473.84 亿元，较上年增长 243.09%，占全省总量的 18.62%，较上年提升 7.67 个百分点；拥有有效发明专利 7993 件，较上年增长 24.81%，占全省总量的 9.17%；拥有高价值发明专利 2507 件，较上年增长 36.03%，占全省总量的 8.24%。

拥有省级及以上科技园区 36 家，占全省总量的 28.13%；拥有省级及以上研发平台 117 家，较上年增加 11 家；拥有省级及以上创新载体数 122 家，占全省总量的 18.29%。

战略性新兴产业增加值 1110.06 亿元，占全省总量的 21.71%；高新技术产业增加值 2335.73 亿元，占全省总量的 19.63%；科技服务业产业增加值 175.44 亿元，占全省总量的 17.95%；高新技术产品出口额 93.03 亿元，较上年增长 17.11%，占全省总量的 16.64%。

拥有高新技术企业、科技型中小企业、省上市后备企业分别为 1948 家、3906 家和 149 家，均保持较快增长速度，其中科技型中小企业较上年增长 113.68%，高新技术企业较上年增长28.58%，省上市后备企业数量较上年增长20.16%；企业研发加计扣除减免税额72.48亿元，占全省总量的10.72%；创新创业大赛获奖数量37个，较上年增长12.12%，占全省总量的17.54%；创新创业大赛获奖金额450万元，比上年增加50万元，占全省总量的14.75%。

3. 湘中南地区创新水平保持增长态势

从四大区域科技创新主要指标及占比来看（表2-5、表2-6），2022年，衡阳、郴州、永州3个地区全社会研发（R&D）经费支出187.80亿元，较上年增长6.56%，占全省总量的比重为15.98%；基础研究经费支出9.79亿元，较上年增长42.23%，占全省总量的比重为12.67%；全社会研发（R&D）人员全时当量3.75万人年，占全省的14.98%；地方财政科技支出48.74亿元，较上年增长35.70%，占全省的17.43%。

技术合同成交额354.66亿元，较上年增加227.57亿元，增速达179.06%，占全省总量的比重为13.94%，较上年提升3.86个百分点；拥有有效发明专利5607件，较上年增长20.48%；拥有高价值发明专利1831件，较上年增长28.85%。

拥有省级及以上研发平台90家，占全省总量的8.42%；拥有省级及以上创新载体112个，较上年增长13.13%，占全省总量的16.79%，较上年提升1.00个百分点。

战略性新兴产业增加值879.77亿元，较上年增长7.06%，占全省总量的17.21%；高新技术产业增加值1825.30亿元，较上年增长9.68%，占全省总量的15.34%；科技服务业产业增加值161.23亿元，较上年增长14.68%，占全省总量的16.49%；高新技术产业出口额66.94亿元，占全省总量的11.97%。

拥有高新技术企业1857家，较上年增长34.76%，占全省的比重为13.24%；拥有科技型中小企业3385家，较上年增加1762家，较上年增长108.56%，占全省的比重为17.38%，较上年提升3.14个百分点；拥有省上市后备企业107家，较上年增长18.89%，占全省的比重为13.90%。

4. 大湘西地区创新引领作用进一步凸显

从四大区域科技创新主要指标及占比来看（表2-5、表2-6），2022年，邵阳、张家界、怀化、娄底、湘西州5个地区地方财政科技支出58.84亿元，较上年提升幅度达139.20%，占全省总量的比重由11.32%提升至21.04%，共提升9.72个百分点；全社会研发（R&D）经费支出139.82亿元，较上年增长20.22%，占全省总量的11.90%；全社会研发（R&D）人员全时当量3.15万人年，较上年增长27.50%。

技术合同成交额263.39亿元，较上年增加179.92亿元，增速达215.55%，占全省总量的 10.35%，较上年提升 3.73 个百分点；拥有有效发明专利 4307 件，较上年增长 30.91%，占全省总量的 4.94%；拥有高价值发明专利 1061 件，较上年提升 29.55%，占全省总量的 3.49%。

拥有省级及以上科技园区数 38 家，占全省 29.69%，占比高于其他 3 个地区；拥有省级及以上研发平台 74 家，较上年增长 7.25%；拥有省级及以上创新载体 158 家，占全省总量的 23.69%。

战略性新兴产业增加值 746.24 亿元，占全省总量的 14.60%；高新技术产业增加值 1471.79 亿元，占全省总量的 12.37%；高新技术产业增加值 1471.79 亿元，较上年增长 8.79%，占全省总量的 12.37%；科技服务业产业增加值 80.95 亿元，较上年提升 12.72%；高新技术产品出口额 19.88 亿元，较上年增长 251.86%。

拥有高新技术企业、科技型中小企业、省上市后备企业数量分别为 1690 家、3300 家和 120 家，分别较上年增长 21.76%、69.84% 和 21.21%，占全省的总量分别为 12.05%、16.94% 和 15.58%。

获得企业研发加计扣除减免税额为 60 亿元，较上年增长 8.46%；创新创业大赛获奖数量 32 个，占全省比重 15.17%；共获得创新创业大赛金额 330 万元，较上年增长 10%，占全省总量 10.82%。

表 2-5　2022 年全省四大区域板块科技创新主要指标情况

指标名称	单位	数值				
		全省	长株潭	环洞庭湖	湘中南	大湘西
全社会研发（R&D）经费支出	亿元	1175.25	634.54	213.09	187.80	139.82
全社会研发（R&D）人员全时当量	人年	250171.4	145779.8	35454.7	37479.4	31457.5
基础研究经费支出	亿元	77.23	60.28	5.13	9.79	2.03
地方财政科技支出*	亿元	279.65	143.75	28.05	45.36	58.84
有效发明专利拥有量	件	87133	69220	7993	5607	4307
高价值发明专利拥有量	件	30410	25011	2507	1831	1061
技术合同成交额*	亿元	2544.64	1397.96	473.84	354.66	263.39
省级及以上科技成果奖励当量	项	25.79	22.00	1.24	1.53	1.02
发表科技论文	篇	71244	56884	4049	6580	3731
省级及以上科技园区数量	家	85	26	36	28	38
省级及以上研发平台数量	家	1069	788	117	90	74
省级及以上创新载体数量	个	667	275	122	112	158

续表2-5

指标名称	单位	数值				
		全省	长株潭	环洞庭湖	湘中南	大湘西
战略性新兴产业增加值	亿元	5111.99	2375.91	1110.06	879.77	746.24
高新技术产业增加值	亿元	11897.34	6264.53	2335.73	1825.30	1471.79
科技服务业产业增加值	亿元	977.49	562.23	175.44	161.23	80.95
高新技术产品出口额	亿元	559.13	379.28	93.03	66.94	19.88
高新技术企业数量	家	14022	8527	1948	1857	1690
科技型中小企业数量	家	19476	8885	3906	3385	3300
省上市后备企业数量	家	770	394	149	107	120
企业研发加计扣除减免税额	亿元	676.2	482.08	72.48	61.64	60
创新创业大赛获奖数量	个	211	118	37	24	32
创新创业大赛获奖金额	万元	3050	1920	450	350	330

*：四大区域地方财政科技支出、技术合同成交额之和不等于全省总量。

表2-6　2022年全省四大区域板块科技创新主要指标占比情况

指标名称	各区域占全省比重/%			
	长株潭	环洞庭湖	湘中南	大湘西
全社会研发（R&D）经费支出	53.99	18.13	15.98	11.90
全社会研发（R&D）人员全时当量	58.27	14.17	14.98	12.57
基础研究经费支出	78.05	6.65	12.67	2.63
地方财政科技支出*	51.40	10.03	16.22	21.04
有效发明专利拥有量	79.44	9.17	6.43	4.94
高价值发明专利拥有量	82.25	8.24	6.02	3.49
技术合同成交额*	54.94	18.62	13.94	10.35
省级及以上科技成果奖励当量	85.29	4.82	5.94	3.95
发表科技论文	79.84	5.68	9.24	5.24
省级及以上科技园区数量	30.59	42.35	32.94	44.71
省级及以上研发平台数量	73.71	10.94	8.42	6.92
省级及以上创新载体数量	41.23	18.29	16.79	23.69
战略性新兴产业增加值	46.48	21.71	17.21	14.60
高新技术产业增加值	52.65	19.63	15.34	12.37
科技服务业产业增加值	57.52	17.95	16.49	8.28

续表2-6

指标名称	各区域占全省比重/%			
	长株潭	环洞庭湖	湘中南	大湘西
高新技术产品出口额	67.83	16.64	11.97	3.56
高新技术企业数量	60.81	13.89	13.24	12.05
科技型中小企业数量	45.62	20.06	17.38	16.94
省上市后备企业数量	51.17	19.35	13.90	15.58
企业研发加计扣除减免税额	71.29	10.72	9.12	8.87
创新创业大赛获奖数量	55.92	17.54	11.37	15.17
创新创业大赛获奖金额	62.95	14.75	11.48	10.82

＊：四大区域地方财政科技支出、技术合同成交额占比之和不等于1。

二、科技创新供给力

（一）科技创新供给力发展情况

科技创新供给力为地区经济发展提供了必要的技术支持与坚实的保障，也是驱动地区经济高质量发展的关键因素。本报告中科技创新供给力包括全社会研发经费投入、全社会研发人员投入、基础研究投入、地方财政科技投入4个二级指标，并从实力、效力两个维度综合分析各指标的总量、占比、增速和增量情况，以此来综合评价各地区科技创新发展的经费和人力投入情况，反映各地区科技创新动力水平。

1.研发经费投入强度稳步提升

在新发展阶段，全省研发投入强度稳步提升，科技创新的进程不断加速，地区经济发展的质量和效益进一步提高。2022年，全社会研发（R&D）经费①支出为1175.25亿元，三年年均增长14.29%，持续保持两位数以上的增长态势；研发经费投入强度为2.41%，较上年提升0.18个百分点。

如图2-3所示，从全社会研发（R&D）经费支出总量来看，2022年，总量过100亿的地

---

① 全社会研发经费投入水平通过全社会研发（R&D）经费支出和全社会研发（R&D）经费支出占地区生产总值（GDP）的比重（也称"全社会研发投入强度"）两个指标进行体现。

区 3 个，分别为长沙、株洲、岳阳，较上年度增加了一个地区；总量未过 10 亿的地区 2 个，分别为张家界、湘西州。从全社会研发(R&D)经费支出增速来看，各个市州科技研发投入引导工作卓有成效，三年增速均为正，邵阳、郴州、岳阳、衡阳等 4 个地区全社会研发(R&D)经费支出三年增速排名靠前，且超过全省平均水平(14.29%)，分别为 37.97%、35.20%、21.35% 和 20.91%，其中邵阳地区高于全省平均水平 23.68 个百分点；仅张家界、益阳 2 个地区增速不足 5%。

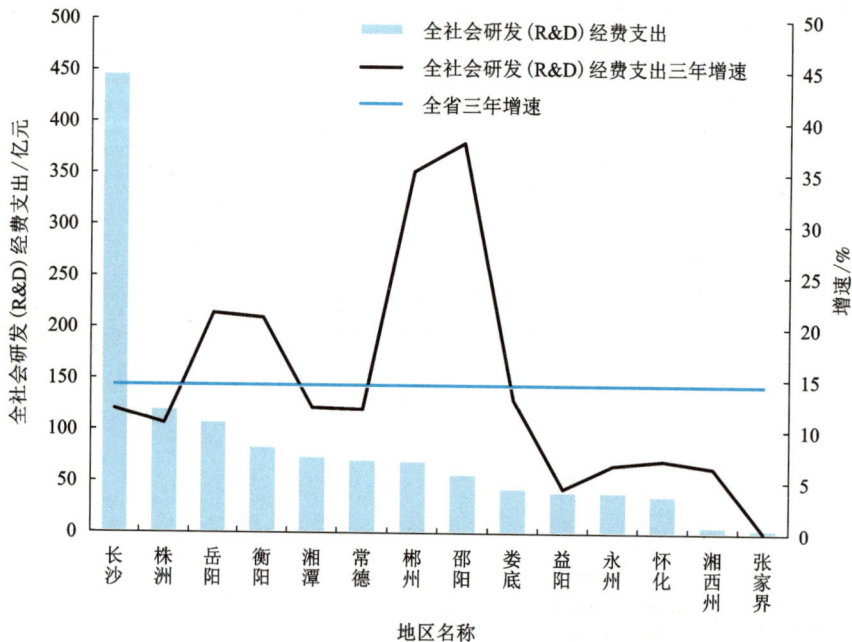

图 2-3　2022 年各地区全社会研发(R&D)经费支出及增速

如图 2-4 所示，从全社会研发经费投入强度来看，2022 年，强度高于全省平均水平的地区有株洲、长沙和湘潭 3 个地区，分别为 3.27%、3.18%、2.66%；张家界和湘西州的研发经费投入强度不足 1%，分别为 0.5%、0.65%。从全社会研发经费投入强度增量来看，全省有 8 个地区研发经费投入强度呈正增长，且怀化、长沙、株洲、娄底、常德 5 个地区增量超过全省平均增量(0.18 个百分点)，分别提升 0.51 个百分点、0.42 个百分点、0.26 个百分点、0.25 个百分点、0.22 个百分点；增量为负的地区有永州、湘潭、湘西州、益阳，分别下降 0.3 个百分点、0.27 个百分点、0.21 个百分点、0.01 个百分点。

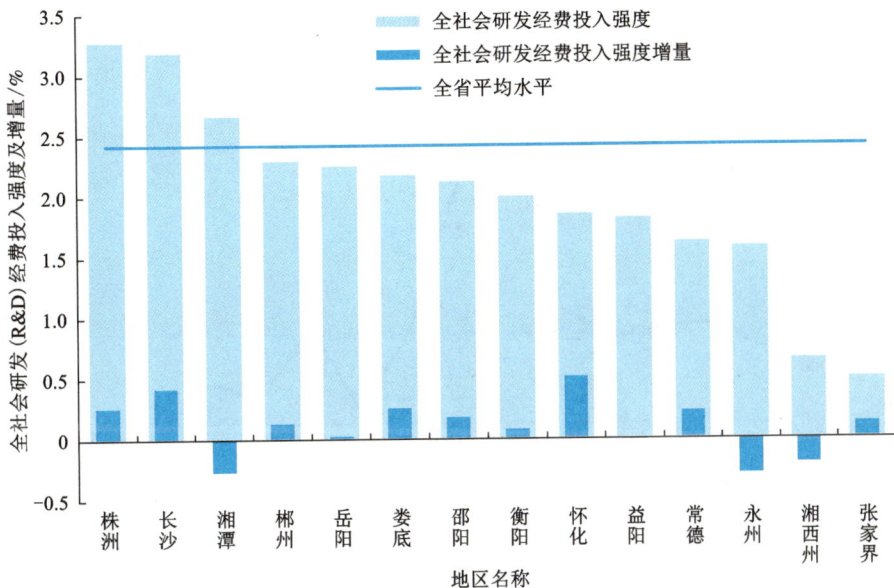

图 2-4　2022 年各地区全社会研发（R&D）经费投入强度及增量

2. 研发人员全时当量持续增长

人才是科技创新的核心，是推动地区进步和经济发展的重要力量，研发人员全时当量的增加，为科技创新提供了坚实基础。2022 年，全省全社会研发（R&D）人员全时当量为 25.02 万人年，三年年均增长 16.73%；每万人研发（R&D）人员全时当量为 37.88 人年/万人，较上年提升 6.27 人年/万人。

如图 2-5 所示，从全社会研发（R&D）人员全时当量来看，2022 年，全省各地区中，长沙、株洲、湘潭、衡阳、岳阳等 5 个地区全社会研发（R&D）人员全时当量排名靠前，总数超过 17.5 万人年，总量占全省的 70.26%，其中，长沙为 10.30 万人年，位居全省第 1，占全省的 41.19%；株洲突破 2 万人年，位列全省第 2 位；张家界、湘西州、怀化等 3 个地区排名靠后，不足 1 万人年，而张家界地区有 0.08 万人年，研发人员规模明显不足。从全社会研发（R&D）人员全时当量增速来看，邵阳、郴州、岳阳、株洲、娄底等 7 个地区全社会研发（R&D）人员全时当量三年增速排名靠前，且超过全省平均水平（16.73%），其中邵阳高于全省平均水平 44.30 个百分点。2022 年，怀化全社会研发（R&D）人员全时当量三年增速与上年度相比，实现了正增长，增速为负的地区仅有张家界，下降了 7.99%。

如图 2-6 所示，从每万人研发（R&D）人员全时当量来看，2022 年，全省各地区中，长沙、株洲、湘潭 3 个地区每万人研发（R&D）人员全时当量排名靠前，且超过全省平均水平（37.88 人年/万人），分别为 98.89 人年/万人、65.28 人年/万人、64.62 人年/万人，其中

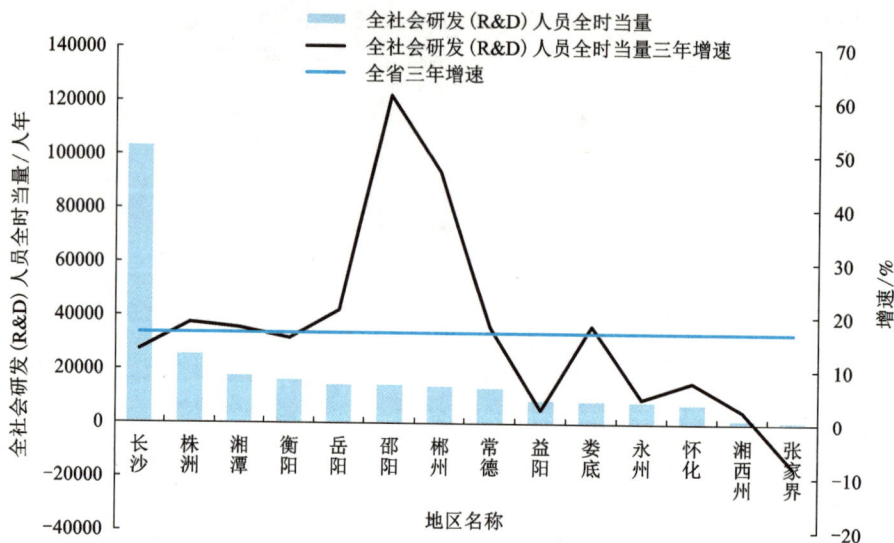

图 2-5　2022 年各地区全社会研发（R&D）人员全时当量及增速

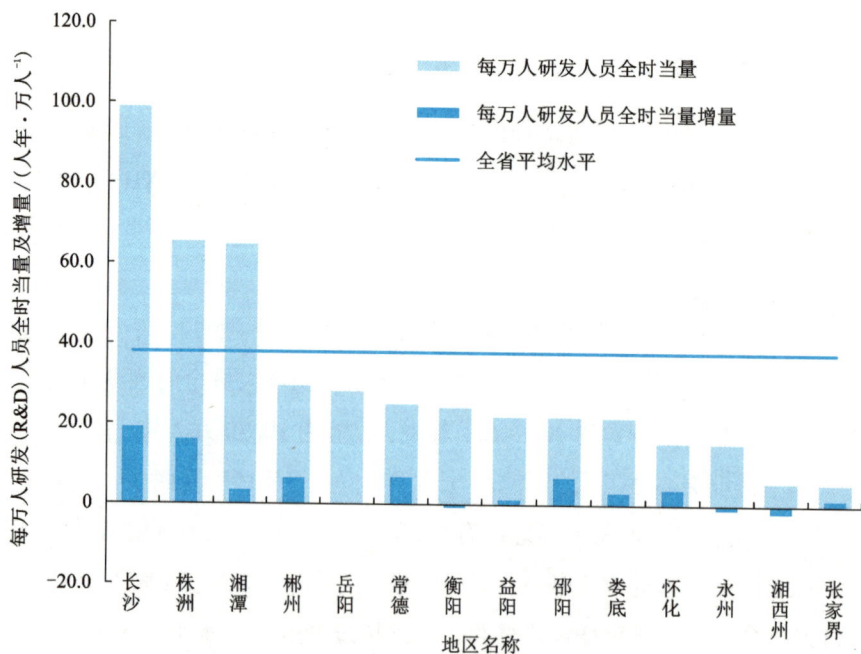

图 2-6　2022 年各地区每万人研发（R&D）人员全时当量及增量

长沙高于全省平均水平 61.01 人年/万人，是全省平均水平的 2.61 倍，居全省第 1。每万人研发（R&D）人员全时当量不足 10 人年/万人的有张家界、湘西州 2 个地区，分别为 5.4 人年/万人、5.63 人年/万人。从每万人研发（R&D）人员全时当量增量来看，各地区中共有 11 个地区该指标较上年有所提升,长沙、株洲、邵阳、常德、郴州增量排名靠前,分别为 19.03 人年/万人、15.98 人年/万人、6.76 人年/万人、6.74 人年/万人、6.56 人年/万人,增量为负的地区有湘西州、永州、衡阳,分别下降 1.77 人年/万人、0.97 人年/万人、0.63 人年/万人。

3. 基础研究投入占比明显提升

基础研究是科技创新的基石,对于实现高水平科技自立自强、推动经济高质量发展具有至关重要的作用。2022 年,全省基础研究经费支出为 77.23 亿元,三年年均增速为 34.83%;基础研究经费占全社会研发(R&D)经费支出的比重为 6.57%,较上年提升 1.55 个百分点。

如图 2-7 所示,从基础研究经费支出来看,2022 年,全省 93.6% 的基础研究经费集中在长沙、衡阳、湘潭、株洲、岳阳 5 个地区,分别为 47.95 亿元、8.97 亿元、6.27 亿元、6.06 亿元、3.04 亿元;有 8 个地区基础研究经费支出均低于 1 万元,分别为湘西州、益阳、怀化、郴州、邵阳、永州、娄底、张家界。从基础研究经费支出增速来看,株洲、郴州、衡阳、常德等 4 个地区基础研究经费支出三年增速排名均靠前,且均超过全省平均水平(34.83%),分别为 107.04%、62.59%、50.37%、49.80%,其中株洲高于全省平均水平 72.21 个百分点;增速为负的地区有永州、张家界,分别下降 11.92%、10.46%。

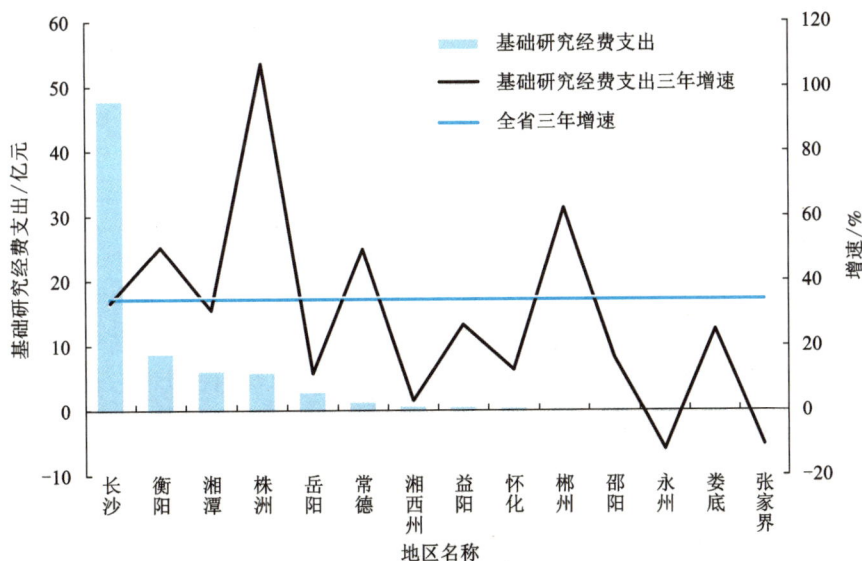

图 2-7　2022 年各地区基础研究经费支出及增速

如图 2-8 所示，从基础研究经费占全社会研发（R&D）经费支出的比重来看，2022 年，湘西州、衡阳、长沙和湘潭等 4 个地区基础研究经费占比排名靠前，且超过全省平均水平（6.57%），分别为 15.02%、11.00%、10.79%、8.74%，其中湘西州高于全省平均水平 8.45 个百分点；娄底、郴州、邵阳、永州等 4 个地区基础研究经费占比排名靠后，分别为 0.62%、0.65%、0.72%、0.98%。从基础研究经费占全社会研发（R&D）经费支出的比重增量来看，有 8 个地区的基础研究经费占比较上年有所提升，其中湘西州、湘潭、长沙、衡阳、常德增量排名靠前，分别提升了 5.42 个百分点、3.26 个百分点、3.13 个百分点、2.86 个百分点、0.76 个百分点；增量为负的地区有怀化、株洲、永州、娄底，分别下降 2.06 个百分点、1.53 个百分点、0.23 个百分点、0.2 个百分点。

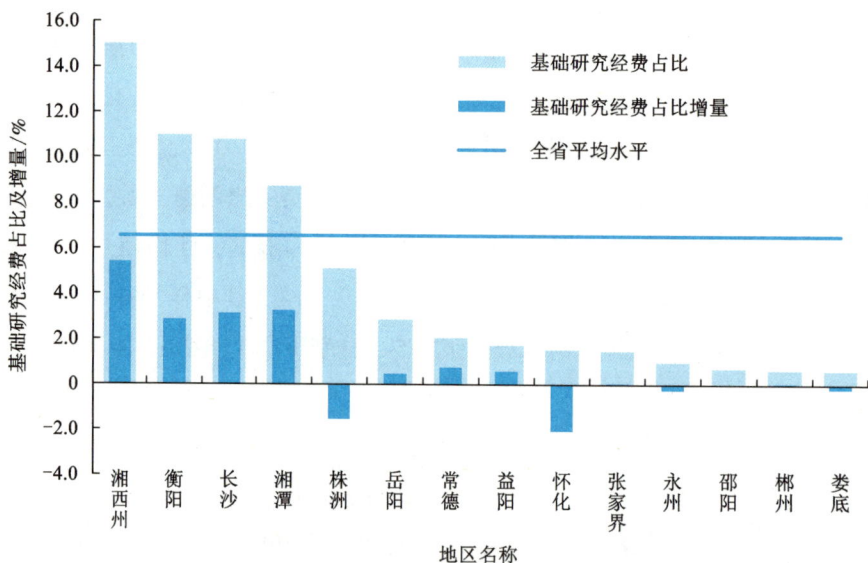

图 2-8 2022 年各地区基础研究经费占比及增量

4. 地方财政科技投入逆势上扬

加大财政科技投入可以促进科技创新活动的开展，促进地方企业科技创新能力的提升，推动科技成果的转化和应用，提高地方科技人才的培养和引进力度，促进科技创新生态系统的建设，为地方经济提供源源不断的创新动力。2022 年，全省地方财政科技支出为 279.65 亿元，三年年均增长 17.61%；地方财政科技支出占地方财政支出的比重为 3.11%，较上年提升 0.50 个百分点。

如图 2-9 所示，从地方财政科技支出来看，2022 年，全省各地区中，长沙、株洲、岳阳、郴州、湘潭等 5 个地区地方财政科技支出排名靠前，分别为 79.53 亿元、40.59 亿元、18.14 亿元、17.7 亿元、16.14 亿元，占全省地方财政科技支出的 67.22%；5 个地区地方财政科技支出均不足 10 亿元,分别为怀化、邵阳、娄底、湘西州和张家界。从地方财政科技支出增速来看,全省各地区地方财政科技三年年均增速均实现正增长,其中衡阳、张家界、益阳、永州、郴州、湘西州等 6 个地区地方财政科技支出三年增速排名靠前,且超过全省平均水平(17.61%),分别为 44.91%、35.92%、33.62%、26.82%、24.82%、17.81%,其中衡阳地区高于全省平均水平 27.30 个百分点。

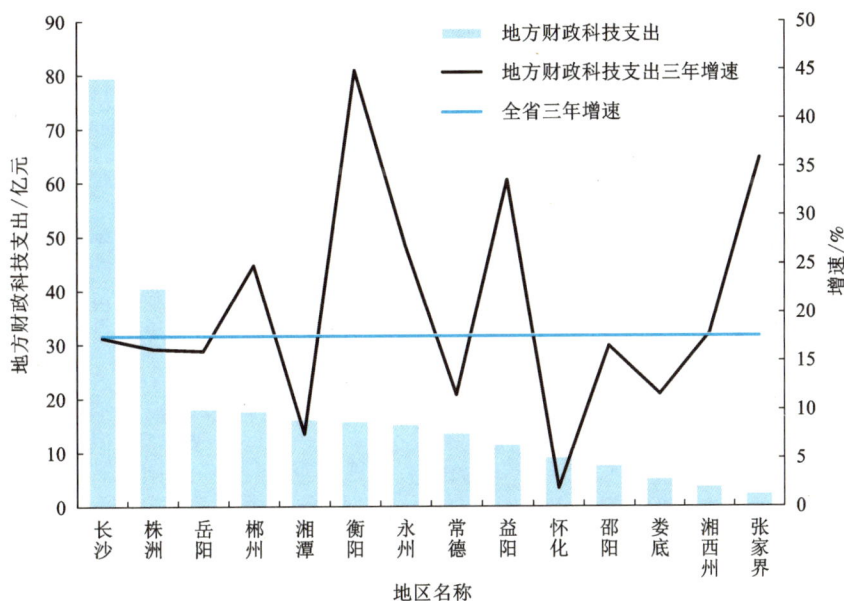

图 2-9 2022 年各地区地方财政科技支出及增速

如图 2-10 所示,从地方财政科技支出占比来看,2022 年,全省各地区中,株洲、湘潭、长沙、郴州和岳阳等 5 个地区地方财政科技支出占地方财政支出的比重排名靠前,且超过全省平均水平(3.11%),分别为 7.51%、5.98%、5.08%、3.49%、3.18%,其中株洲高于全省平均水平 4.4 个百分点;湘西州、张家界、邵阳等 3 个地区地方财政科技支出占比排名靠后,分别为 1.03%、1.11%、1.19%。从地方财政科技支出占比增量来看,株洲、湘潭、益阳、郴州、长沙增量排名靠前,分别增长 1.52 个百分点、1.14 个百分点、0.98 个百分点、0.95 个百分点、0.62 个百分点;增量为负的地区有怀化、湘西州,分别下降 0.23 个百分点、0.12 个百分点。

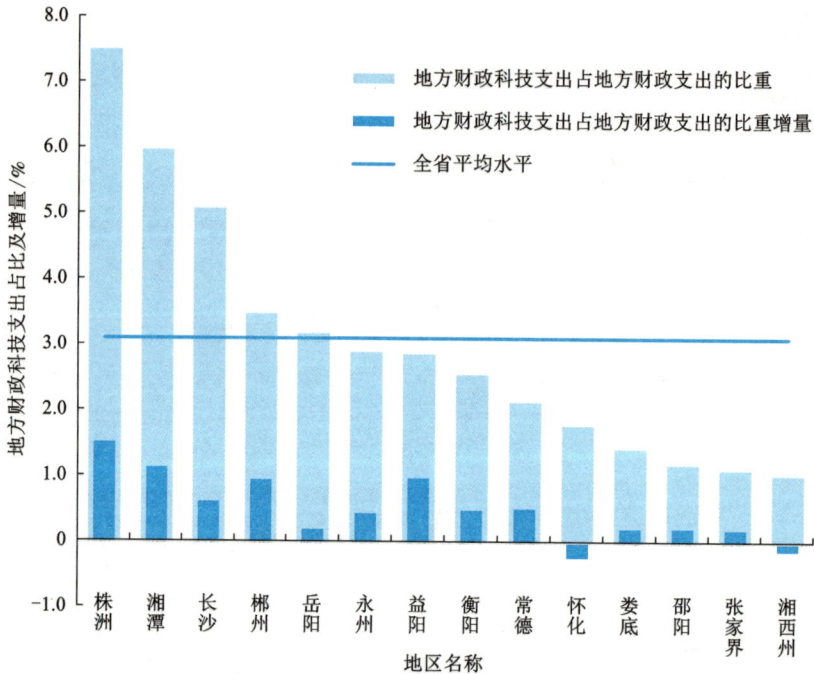

图 2-10　2022 年各地区地方财政科技支出占比及增量

（二）科技创新供给力评价结果

如表 2-7 所示，各地区科技创新供给力平均得分 80.54 分，其中实力平均得分 79.42 分，效力平均得分 82.22 分。科技创新供给力得分在 80 以上的地区有 7 个，70~80 分的地区有 5 个，60~70 分的地区有 2 个，排名前三的地区分别是长沙、株洲、湘潭。实力方面排前三的地区是长沙、株洲、湘潭；效力方面排前三的地区是长沙、郴州、株洲。

表 2-7　科技创新供给力评价得分及排名

地区	科技创新供给力		实力		效力	
	得分	排名	得分	排名	得分	排名
平均得分	80.54	—	79.42	—	82.22	—
长沙	95.03	1	98.01	1	90.57	1
株洲	91.38	2	92.65	2	89.47	3
湘潭	86.85	3	89.91	3	82.26	8
衡阳	85.33	4	85.17	4	85.58	6

续表2-7

地区	科技创新供给力		实力		效力	
	得分	排名	得分	排名	得分	排名
邵阳	79.78	9	75.1	11	86.8	4
岳阳	82.95	6	84.02	5	81.35	10
常德	81.82	7	78.99	7	86.06	5
张家界	62.6	14	56.27	14	72.09	13
益阳	79.9	8	78.52	8	81.96	9
郴州	84.52	5	80.77	6	90.14	2
永州	74.81	12	76.67	9	72.01	14
怀化	75.83	11	75.67	10	76.08	11
娄底	77.97	10	74.48	12	83.2	7
湘西州	68.83	13	65.67	13	73.57	12

三、成果产出转化力

(一)成果产出转化力发展情况

成果产出转化力是实现科技为经济服务的关键环节,为地区实现技术创新、经济发展起到了积极作用。本报告中成果产出转化力包括发明专利、高价值专利、技术市场、科研论文和科技成果奖励5个二级指标,并从实力、效力两个维度综合分析各指标的总量和占比、增速和增量情况,以此来综合评价各地区创新生态水平、知识产权保护力度、科技创新竞争力、成果转化水平、技术转移转化成效,反映各地区成果产出规模和成果转化的效能。

1.高质量专利水准不断提升,强化知识产权创造和保护

2022年,湖南省为落实知识产权强省,出台《湖南省人民政府 国家知识产权局共建"三高四新"知识产权强省工作要点(2022—2023年)》,着力建设国家知识产权强市示范市等,全面提升湖南区域知识产权综合实力。从专利拥有量来看,截至2022年末,全省有效

发明专利拥有量达 87133 件，较上年增长 24.27%；高价值发明专利拥有量达 30410 件，较上年增长 28.68%。从专利密度来看，每万人有效发明专利拥有量达 13.16 件，较上年增长 2.61 件；每万人高价值发明专利拥有量达 4.59 件，较上年增长 1.03 件。

如图 2-11 所示，从有效发明专利拥有量及增速来看，在全省 14 个地区中，有效发明专利拥有量地区间差异显著。2022 年，长沙、株洲、湘潭、常德、衡阳等 5 个地区有效发明专利拥有量排名靠前，分别为 53264 件、10488 件、5468 件、3623 件、3176 件，5 个地区的总量超过 7 万件，占全省的比重超过 85%，其中长沙推进国家知识产权强市建设示范城市工作，全方位推进知识产权高质量创造、保护、运用、管理和服务，有效发明专利拥有量居全省第 1。张家界、湘西州 2 个地区排名靠后，不足 1000 件，分别为 457 件、237 件，与长株潭地区的差距较大。从有效发明专利拥有量增速来看，邵阳知识产权工作在顶层设计、创造水平、保护效能、转化运用、服务能力等方面不断突破，有效发明专利拥有量增速居全省第 1，达到 39.55%；还有常德、娄底、怀化 3 个地区有效发明专利拥有量较上年增速超过 30%，分别为 36.00%、34.02%、34.01%。衡阳、长沙 2 个地区较上年增速超过全省平均水平（24.27%）。有效发明专利拥有量三年增速排名靠前的地区有邵阳、怀化、常德、娄底、衡阳、长沙 6 个地区，三年增速均超过全省平均水平（23.08%），分别为 39.12%、32.72%、31.18%、26.49%、25.08%、24.41%，其中邵阳高于全省平均水平 16.04 个百分点；永州、岳阳、张家界、郴州、湘西州 5 个地区有效发明专利拥有量三年增速低于 15%，其中湘西州不足 10%。

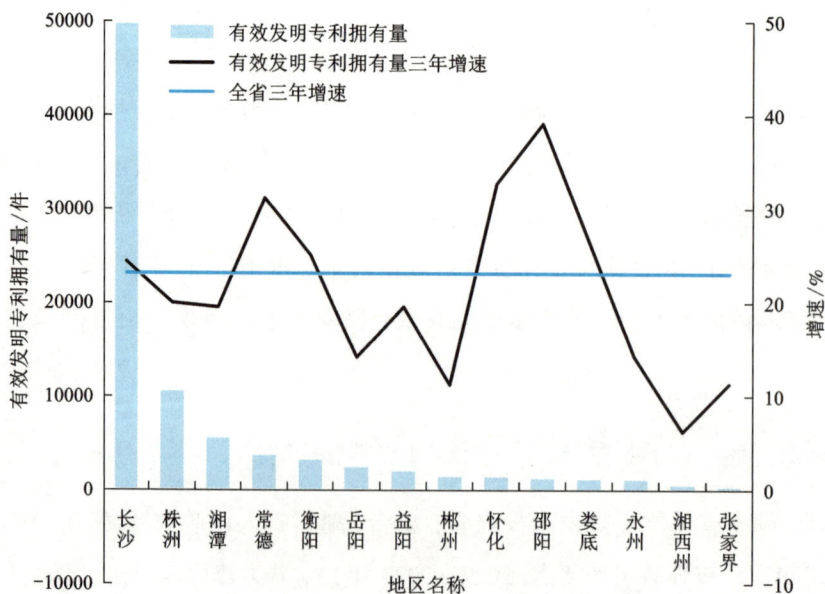

图 2-11　2022 年各地区有效发明专利拥有量及增速

如图 2-12 所示,从每万人有效发明专利拥有量及增量来看,2022 年,在全省 14 个地区中,长沙、株洲、湘潭等 3 个地区每万人有效发明专利拥有量排名靠前,且超过全省平均水平(13.16 件/万人),分别为 52.02 件/万人、27.01 件/万人、20.18 件/万人。张家界、邵阳、湘西州等 3 个地区排名靠后,不足 2 件/万人,分别为 1.57 件/万人、1.83 件/万人、1.85 件/万人。从每万人有效发明专利拥有量增量来看,长沙、株洲、湘潭、常德、衡阳增量排名靠前,分别为 9.66 件/万人、5.12 件/万人、3.31 件/万人、1.87 件/万人、1.01 件/万人。张家界、湘西州、永州等 3 个地区增量排名靠后,分别为 0.15 件/万人、0.18 件/万人、0.29 件/万人。

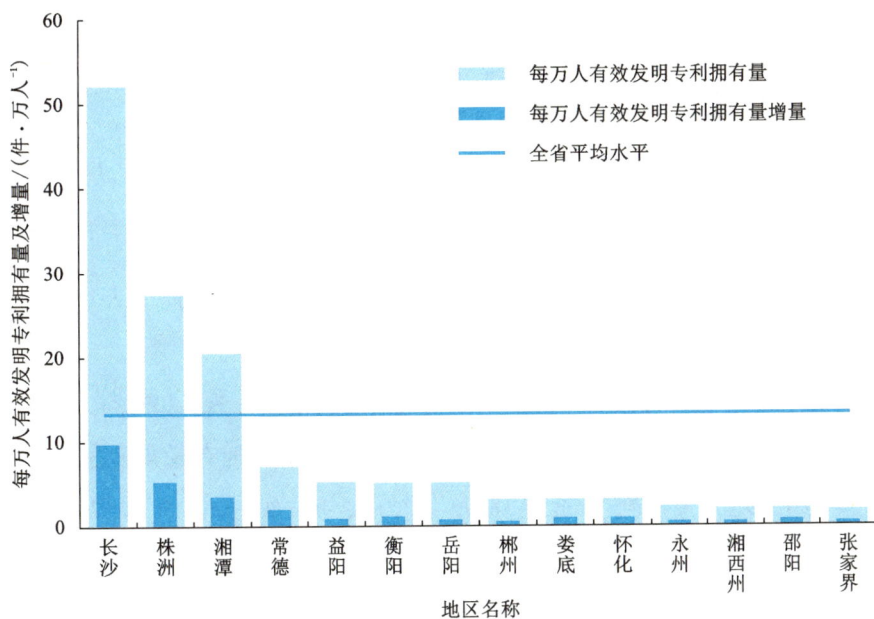

图 2-12 2022 年各地区每万人有效发明专利拥有量及增量

如图 2-13 所示,从高价值发明专利拥有量及增速来看,2022 年,在全省 14 个地区中,长沙、株洲、湘潭等 3 个地区高价值发明专利拥有量排名靠前,且均超过 1000 件,3 个地区总量占全省的 82.25%,分别为 19202 件、4116 件、1693 件。张家界、湘西州、邵阳等 3 个地区排名靠后,均不足 300 件,分别为 62 件、105 件、237 件。从高价值发明专利拥有量增速来看,常德、邵阳、益阳、衡阳、长沙等 5 个地区高价值发明专利拥有量三年增速排名靠前,且均超过全省平均水平(24.43%),其中常德地区高于全省平均水平 9.89 个百分点,分别为 34.32%、33.33%、32.11%、30.92%、26.29%。湘西州、郴州、张家界等 3 个地区高价值发明专利拥有量三年增速排名靠后,分别为 2.33%、10.36%、12.11%。

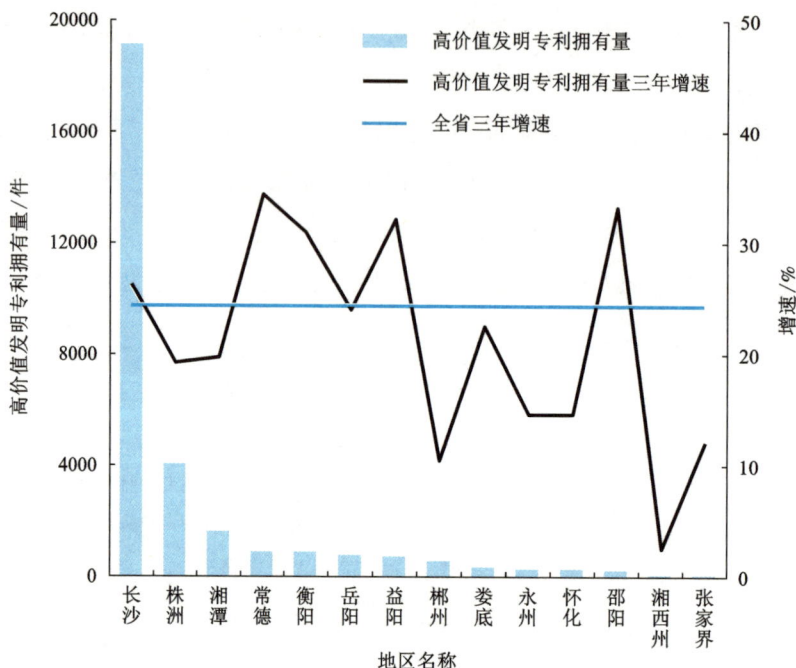

图 2-13　2022 年各地区高价值发明专利拥有量及增速

如图 2-14 所示，从每万人高价值发明专利拥有量及增量来看，2022 年，在全省 14 个地区中，长沙、株洲、湘潭等 3 个地区每万人高价值发明专利拥有量排名靠前，且均超过全省平均水平（4.59 件/万人），分别为 18.75 件/万人、10.60 件/万人、6.25 件/万人。邵阳、张家界、湘西州等 3 个地区排名靠后，均不足 0.5 件/万人，分别为 0.37 件/万人、0.41 件/万人、0.42 件/万人。从每万人高价值发明专利拥有量增量来看，长沙、株洲、湘潭、常德、益阳增量排名靠前，分别为 3.91 件/万人、2.27 件/万人、1.24 件/万人、0.59 件/万人、0.50 件/万人；湘西州、张家界、永州等 3 个地区增量排名靠后，分别为 0.02 件/万人、0.05 件/万人、0.10 件/万人。

2.技术市场快速发展，促进科技成果转化落地

技术合同成交额是衡量一个地区科技成果转化能力的重要指标，是体现科技进步水平的标志性指标。2022 年，技术合同成交额为 2544.64 亿元，较上年增长 101.75%。技术合同成交额占地区生产总值（GDP）的比重为 5.23%，较上年增长 2.49 个百分点。全省技术交易市场活跃，技术要素市场的流动性、活跃度及创新资源配置效率不断提高。

如图 2-15 所示，从技术合同成交额及增速来看，2022 年，在全省 14 个地区中，长沙、

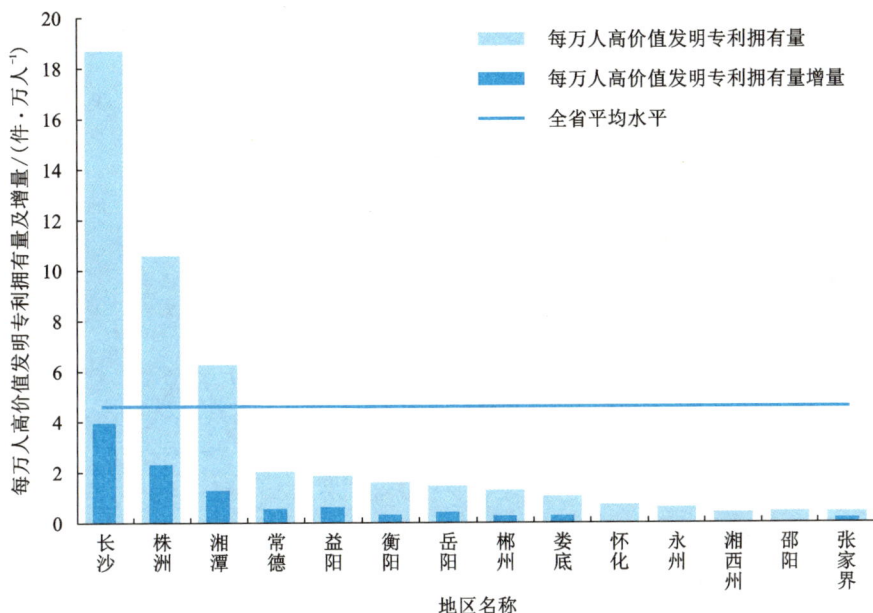

图 2-14　2022 年各地区每万人高价值发明专利拥有量及增量

湘潭、株洲、衡阳等 4 个地区技术合同成交额排名靠前，均超过 200 亿元，4 个地区总量占全省技术合同成交额的比重均超过 60%，其中长沙出台《长沙市促进科技成果转移转化行动方案（2022—2024 年）》推进科技成果转化工作，全市技术市场活力进一步激发，技术转移能力明显提升，技术合同成交额达到 822.37 亿元，远远领先于其他地区。张家界、湘西州、怀化等 3 个地区排名靠后，均不足 50 亿元，分别为 13.71 亿元、18.7 亿元、41.11 亿元。技术合同成交额增速来看，2022 年，娄底、岳阳、永州、湘西州、衡阳等 5 个地区技术合同成交额三年增速排名靠前，且超过全省平均水平（73.09%），其中娄底加大产学研合作力度，积极推进企业、高校、科研院所的合作，不断促进科技成果落地转化，技术合同成交额三年增速高于全省平均水平 138.97 个百分点。株洲、长沙、湘潭等 3 个地区技术合同成交额三年增速排名靠后，分别为 36.91%、52.08%、66.77%。

如图 2-16 所示，从技术合同成交额占地区生产总值（GDP）的比重及增量来看，2022 年，在全省 14 个地区中，湘潭、株洲、长沙等 3 个地区技术合同成交额占地区生产总值（GDP）的比重排名靠前，且均超过全省平均水平（5.23%），其中湘潭地区高于全省平均水平 6.06 个百分点，达到 11.29%。张家界、郴州、怀化、湘西州等 4 个地区排名靠后，比重不足 3%。从技术合同成交额占地区生产总值（GDP）的比重增量来看，有湘潭、衡阳、常德、邵阳、娄底增量排名靠前，分别提升了 4.87 个百分点、3.63 个百分点、3.38 个百分

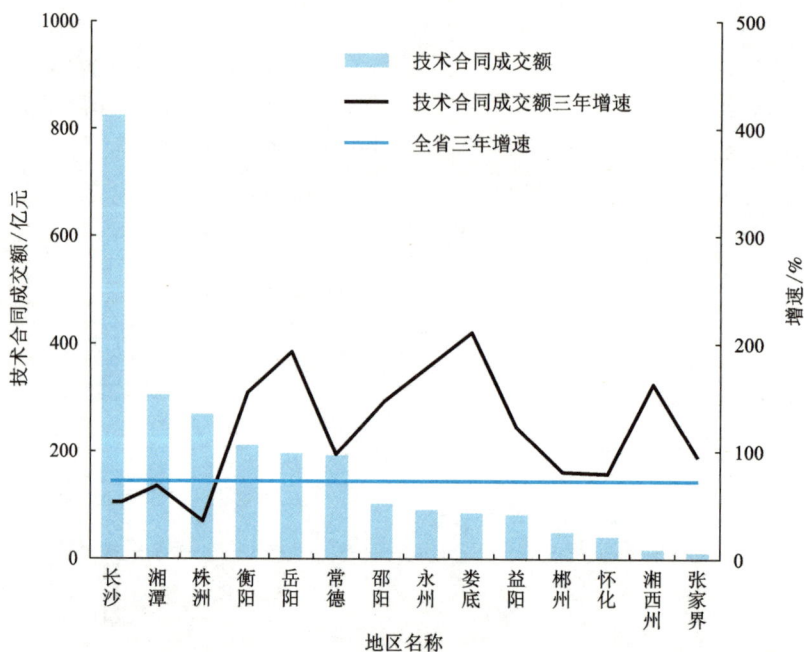

图 2-15　2022 年各地区技术合同成交额及增速

点、3.01 个百分点、3.00 个百分点。郴州、怀化、张家界等 3 个地区增量排名靠后，分别为 0.42 个百分点、1.08 个百分点、1.33 个百分点。

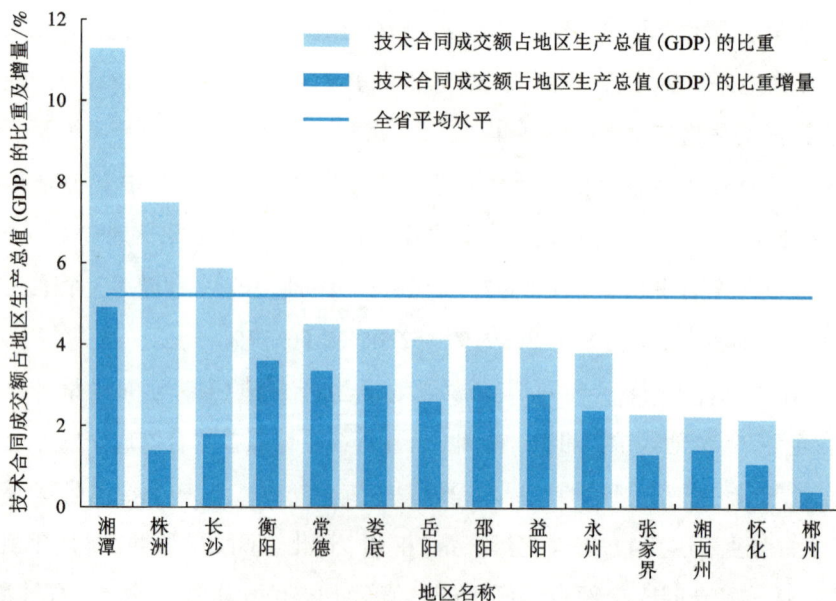

图 2-16　2022 年各地区技术合同成交额占地区生产总值（GDP）的比重及增量

3. 科研论文产出水平有所提高，但区域不平衡凸显

科研论文是衡量地区学术研究产出的重要指标，体现了一个地区科学研究的质量水平。2022 年，发表科技论文 79577.00 篇，较上年增长 23.42%；每万研发人员发表科技论文数为 10431.81 篇/万人，较上年提升 1052.13 篇/万人。

如图 2-17 所示，从发表科技论文及增速看，2022 年，在全省 14 个地区中，长沙、湘潭、衡阳、株洲等 4 个地区发表科技论文排名靠前，均超过 2000 篇，4 个地区发表科技论文总量占全省的 88.61%，因科技论文主要由高校、科研院所产出，我省高校和科研院所主要集中在长沙，因此长沙科技论文产出优势明显，占全省科技论文总数的比重高达 73.19%；张家界、湘西州、郴州等 3 个地区排名靠后，均不足 700 篇。从科技论文增速来看，怀化、长沙等 2 个地区发表科技论文三年增速排名靠前，且超过全省平均水平（7.36%），其中怀化地区高于全省平均水平 9.94 个百分点，达到 17.30%；三年增速为负的地区有张家界、邵阳、湘西州、衡阳、益阳、株洲、娄底、永州、郴州，其中张家界下降幅度最大，达到 40.12%。

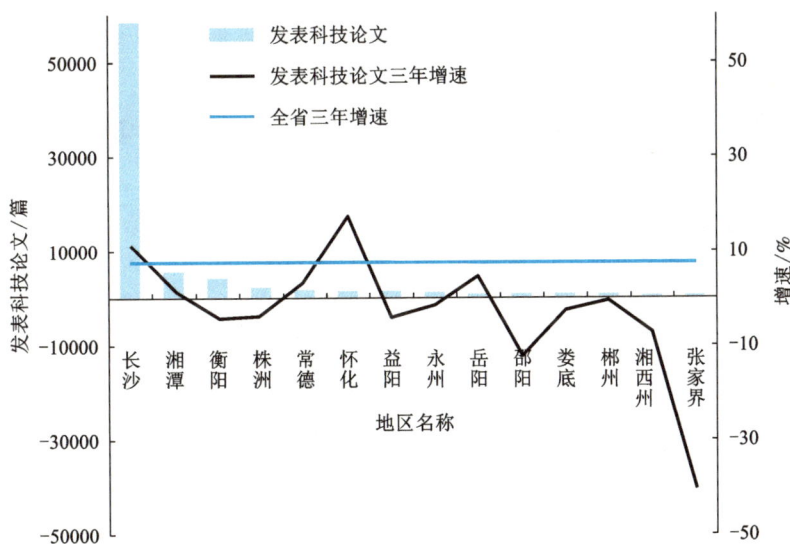

图 2-17　2022 年各地区发表科技论文及增速

如图 2-18 所示，从每万研发人员发表科技论文数及增量来看，2022 年，在全省 14 个地区中，长沙地区每万研发人员发表科技论文数排名靠前，且超过全省平均水平（10431.81 篇/万人），高于全省平均水平 2854.30 个百分点；郴州、常德等 2 个地区排名靠后，不足 5000 篇/万人，分别为 2567.57 篇/万人、4321.82 篇/万人。从每万研发人员发

表科技论文数增量来看,有怀化、长沙、湘西州、株洲增量排名靠前,呈正增长,分别为2548.04篇/万人、1954.92篇/万人、154.7篇/万人、5.75篇/万人;增量为负的地区有邵阳、娄底、张家界、常德、郴州、永州、岳阳、衡阳、益阳、湘潭,其中邵阳、娄底、张家界、常德等4个地区增量排名靠后,下降幅度均超过1000篇/万人。

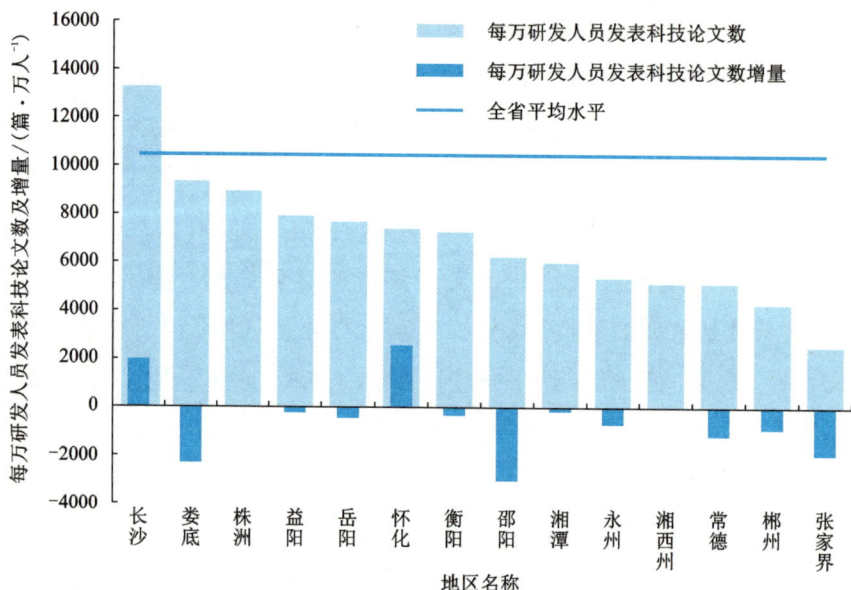

图2-18   2022年各地区每万研发人员发表科技论文数及增量

(二)成果产出转化力评价结果

如表2-8所示,各地区成果产出转化力平均得分81.89分,其中实力平均得分79.70分,效力平均得分85.17分。成果产出转化力得分在80以上的地区有9个,70~80分的地区4个,60~70分的地区有1家,排名前三的地区分别是长沙、湘潭、株洲。实力方面排前三的地区是长沙、株洲、湘潭;效力方面排前三的地区是长沙、湘潭、常德。

表2-8   成果产出转化力评价得分及排名

地区	成果产出转化力		实力		效力	
	得分	排名	得分	排名	得分	排名
平均得分	81.89	—	79.7	—	85.17	—
长沙	93.22	1	94.23	1	91.7	1

续表2-8

地区	成果产出转化力		实力		效力	
	得分	排名	得分	排名	得分	排名
株洲	87.41	3	90.28	2	83.1	10
湘潭	90.43	2	90.06	3	90.98	2
衡阳	85.16	4	82.35	4	89.37	4
邵阳	79.87	10	76.55	10	84.85	8
岳阳	83.57	6	81.07	6	87.31	7
常德	85.15	5	82.25	5	89.51	3
张家界	69.06	14	63.36	14	77.62	14
益阳	83.52	7	80.58	7	87.94	5
郴州	75.4	12	73.76	12	77.85	12
永州	80.14	9	77.01	9	84.83	9
怀化	77.46	11	74.42	11	82.03	11
娄底	82.35	8	78.81	8	87.66	6
湘西州	73.75	13	71.13	13	77.68	13

四、平台载体驱动力

(一) 平台载体驱动力发展情况

平台载体驱动力是高端创新要素汇聚的引力场、战略科技力量培育的主阵地、科技成果转化应用的重要引擎,是加速创新成果转化、培养创新人才、集聚创新资源的重要抓手,在推进市州经济社会高质量发展中具有独特优势和强大动能。本报告中平台载体驱动力包括园区发展、研发平台与创新载体、园区覆盖率3个二级指标,并从实力、效力两个维度综合分析各指标的总量、占比、增速、增量和覆盖率情况,以此来综合评价各地区在园区建设、研发平台及创新载体建设等创新基础资源集聚情况。

1. 科技园区提质增效,引领区域经济高质量发展

科技园区是以创新为核心的高新技术产业集聚型的综合区,是全球创新体系中的重要

功能节点，在集聚创新资源要素、培育新兴产业集群等方面发挥着重要作用。2022 年，湖南省拥有省级及以上科技园区 128 家，包括 46 家高新区、43 家农业科技园、39 家可持续发展实验区，全省省级及以上科技园区占园区的比重为 60.66%，较上年提升 1.59 个百分点。

如图 2-19 所示，从省级及以上科技园区数量及增量来看，2022 年，岳阳、常德、永州、湘潭、衡阳、邵阳、怀化 7 个地区省级及以上科技园区数量超过 10 家，居全省前 7，其中，岳阳最多达 18 家，张家界最少，仅有 4 家。2022 年，国务院批复同意宁乡高新区升级为国家高新技术开发区，全省国家高新区达到 9 家，较上年新增 1 家。宁乡高新区在升级为国家高新区的过程中合并了浏阳、开福、望城 3 家省级高新区，省级高新区较上年减少3 家，全省省级及以上科技园区随之减少 3 家。

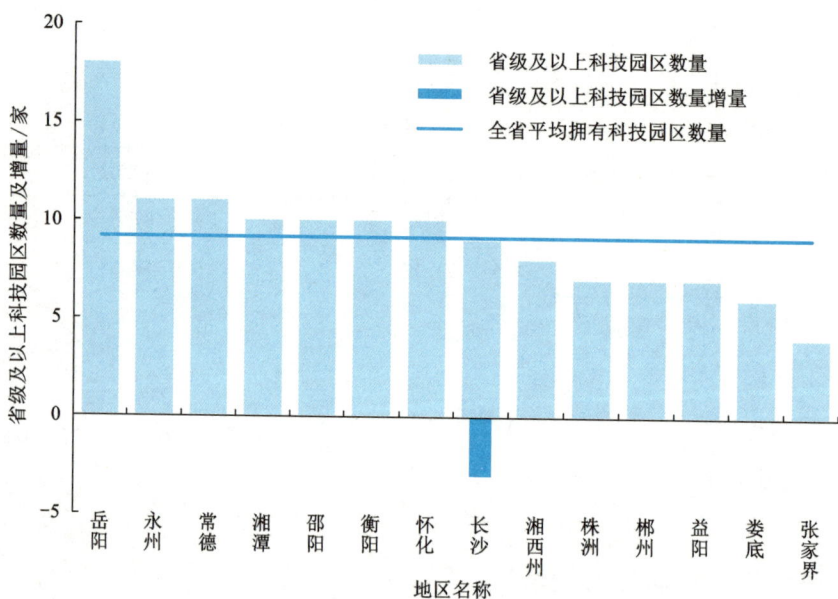

图 2-19　2022 年各地区省级及以上科技园区数量及增量

如图 2-20 所示，从省级及以上科技园区占园区比重及增量来看，2022 年，除怀化和郴州 2 个地区外，全省其他各地区省级及以上科技园区占比均超过 50%，其中岳阳、常德2 个地区排名全省前两位，比重分别为 85.71% 和 84.62%；湘潭、衡阳、娄底和张家界 4 个地区比重均为 66.67%，并列排名第三位；永州、株洲 2 个地区均高于全省平均值。衡阳、益阳、郴州、永州、常德等 5 个地区省级及以上科技园区占园区比重均较上年有所提升，其中衡阳提升最多，达到 11.11 个百分点，株洲、湘潭、娄底、张家界、怀化、湘西州等6 个地区比重无新增，而长沙、岳阳、邵阳等 3 个地区的比重有所下降，其中长沙由于省级高新区合并，下降幅度最多。

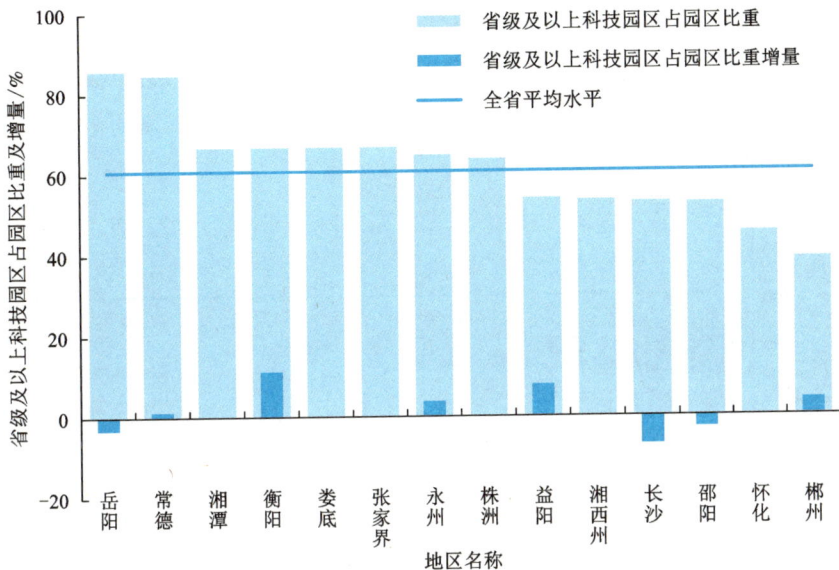

图 2-20　2022 年各地区省级及以上科技园区占园区比重及增量

2. 高新区创新效能凸显，担当"三个高地"建设主力军

高新区作为我省打造国家重要先进制造业高地的引领区、具有核心竞争力的科技创新高地的示范区、内陆地区改革开放高地的先行区，是实施创新驱动发展战略的重要载体，是支撑引领高质量发展的重要力量。2022 年，省级以上高新区实现高新技术产业主营业务收入 1.83 万亿元、技工贸总收入 2.87 万亿元、园区生产总值 7087.93 亿元，以约 0.18% 的全省国土面积，贡献了 15.83% 的地区生产总值、38.49% 的高新技术产业增加值和 26.87% 的进出口总额，亩均税收达到 17.42 万元/亩[①]。

如图 2-21 所示，从每家省级及以上高新区技工贸总收入及增量来看，2022 年，全省平均每家省级及以上高新区技工贸收入为 625.59 亿元/家，较上年增加 114.5 亿元/家。长沙、株洲 2 个地区每家省级及以上高新区技工贸收入排名靠前，均超过 10000 亿元/家，郴州、湘潭、岳阳和益阳等 4 个地区均超过全省平均水平，分别为 939.34 亿元/家，878.09 亿元/家、746.26 亿元/家和 701.28 亿元/家，张家界排名最后，仅为 36.14 亿元/家。与上年相比，除张家界外，其他地区的每家省级及以上高新区技工贸收入均有所增加，其中长沙增量达到 908.09 亿元/家，位居全省首位。

如图 2-22 所示，从省级及以上高新区生产总值占地区生产总值（GDP）的比重及增量来看，2022 年，全省省级及以上高新区生产总值占地区生产总值（GDP）的比重为 14.56%，较上年提升 0.65 个百分点。岳阳、株洲、湘潭、衡阳、永州、益阳、郴州和常德等 8 个地

---

① 来自《湖南省高新区创新发展绩效评价研究报告 2023》

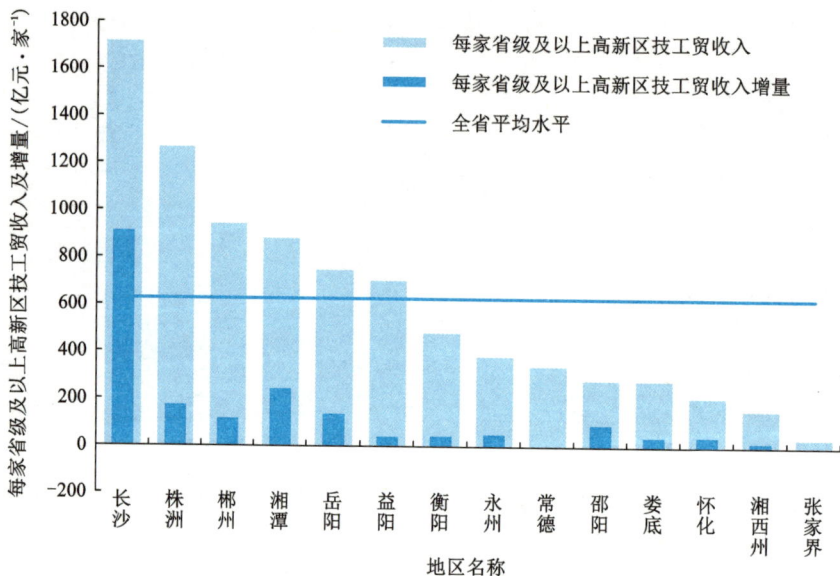

图 2-21　2022 年各地区每家省级及以上高新区技工贸总收入及增量

区省级及以上高新区生产总值占地区生产总值（GDP）的比重排名靠前，且均超过全省平均水平，其中岳阳地区高于全省平均水平 12.08 个百分点；长沙、怀化、邵阳、张家界等 4 个地区排名靠后，比重不超过 10%。与上年相比，大部分地区的省级及以上高新区生产总值占地区生产总值（GDP）的比重均有所增长，其中湘潭最多，提升 3.96 个百分点；长沙、张家界、衡阳的比重有所下降，分别下降 0.84 个百分点、0.15 个百分点和 0.01 个百分点。

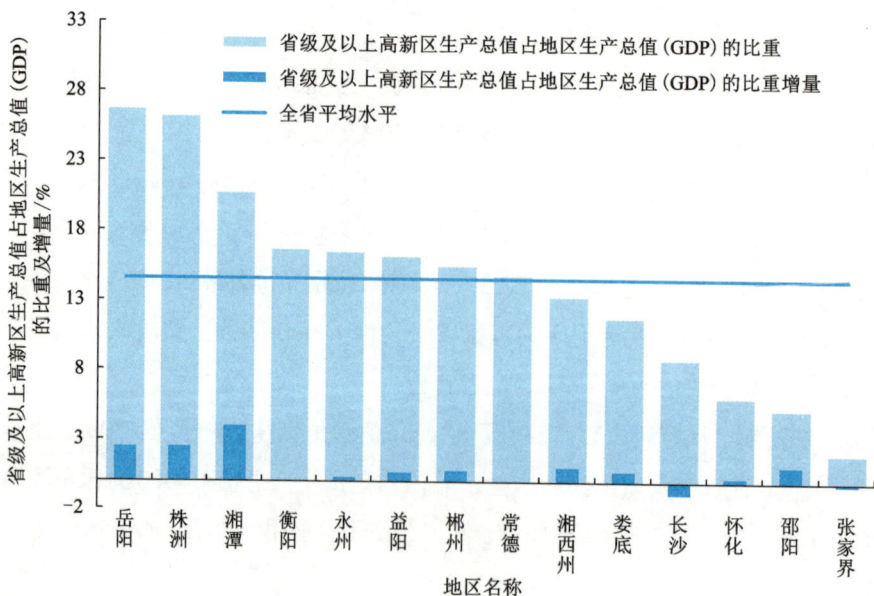

图 2-22　2022 年各地区省级及以上高新区生产总值占地区生产总值（GDP）的比重及增量

3. 创新载体量质齐升，助力创新创业生态不断优化

创新载体是有效整合和配置科技资源的重要手段，是培育高科技企业、发展高新技术产业的载体，同时也是服务于全社会科技进步与创新的技术支撑体系，主要包括研究平台、孵化载体等。2022 年，全省科技园区共有省级及以上研发平台 1092 个，较上年新增 83 个，分别为 18 个省级重点实验室和 65 个省级工程技术研究中心；共有省级及以上孵化载体 652 个，较上年新增 41 个，其中国家级科技企业孵化器增加 8 个，省级科技企业孵化器增加 7 个，国家备案众创空间增加 10 个，省级备案众创空间增加 19 个，国家专业化众创空间减少 3 个。

如图 2-23 所示，从省级及以上研发平台数量及增量来看，2022 年，全省各地区平均共拥有省级及以上研发平台 1092 个，其中，长沙拥有省级及以上研发平台 659 个，占全省总数的 60.35%；株洲、湘潭、衡阳 3 个地区的省级及以上研发平台数量超过 50 个，分别为 81 个、70 个和 60 个；娄底、永州、张家界排名靠后，分别为 15 个、13 个和 3 个。与上年相比，除张家界、郴州和怀化外，其他区域的省级及以上研发平台数量均增长，其中，长沙新增最多，包括 4 个临床医疗技术示范基地、15 个省级重点实验室和 29 个省级工程技术研究中心。张家界和郴州分别减少 1 个省级重点实验室和 1 个省级工程技术研究中心。怀化新增 2 个省级工程技术研究中心，同时，减少 4 个临床医疗技术示范基地。

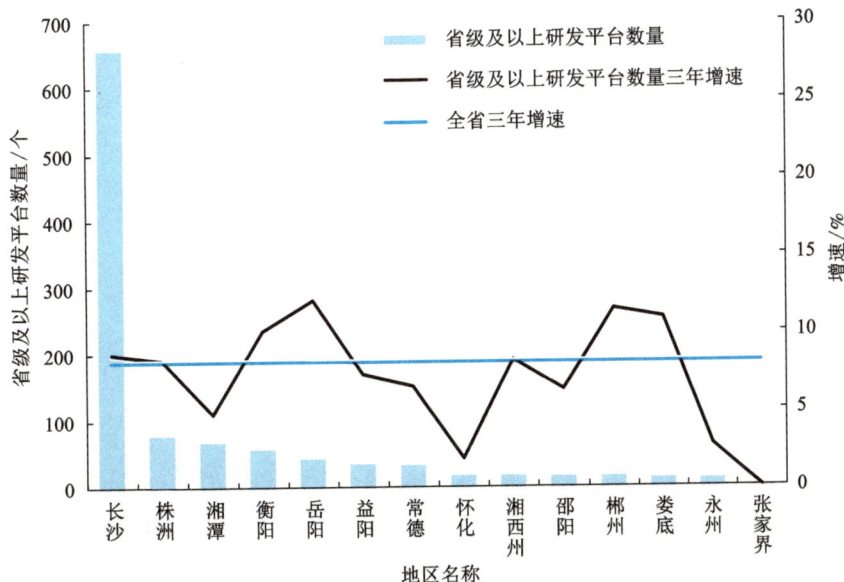

图 2-23　2022 年各地区省级及以上研发平台数量及增速

如图 2-24 所示，从省级及以上创新载体数量及增量来看，2022 年，全省共拥有省级及以上孵化载体数量 652 个，其中，长沙拥有 169 个，占全省的比重达到 25.92%；株洲、衡阳、常德和湘潭 4 个地区共拥有省级及以上孵化载体 201 个，占全省的比重均超过 7%；益阳、郴州、张家界、湘西州的数量均不超过 30 个。与上年相比，大部分地区的省级及以上孵化载体数量有所增长，其中岳阳增长最多，新增 10 个，包括 3 个国家级科技企业孵化器、3 个省级科技企业孵化器和 4 个省级备案众创空间；益阳新增 1 个国家级科技企业孵化器，但减少 2 个省级科技企业孵化器和 1 个省级备案众创空间。

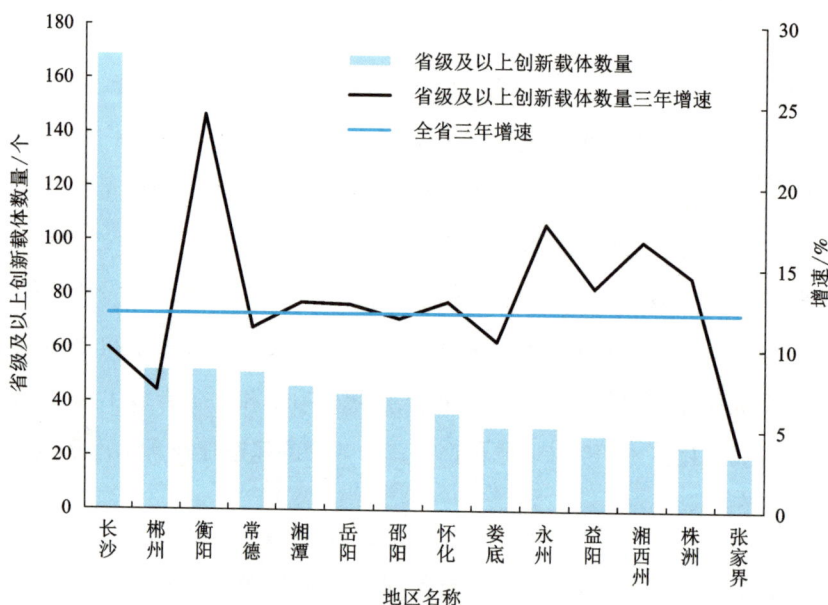

图 2-24　2022 年各地区省级及以上孵化载体数量及增速

（二）平台载体驱动力评价结果

如表 2-9 所示，各地区平台载体驱动力平均得分 83.63 分，其中实力平均得分 81.59 分，效力平均得分 86.70 分。平台载体驱动力得分在 80 以上的地区有 11 个，70～80 分的地区有 2 个，60～70 分的地区 1 个，排名前三的地区分别是岳阳、衡阳、常德。实力方面排前三的地区是长沙、岳阳、湘潭；效力方面排前三的地区是衡阳、益阳、岳阳。

表 2-9　平台载体驱动力评价得分及排名

地区	平台载体驱动力		实力		效力	
	得分	排名	得分	排名	得分	排名
平均得分	83.63	—	81.59	—	86.7	—
长沙	86.38	5	93.54	1	75.65	13
株洲	85.93	7	85.93	6	85.92	11
湘潭	87.61	4	88.47	3	86.32	10
衡阳	89.77	2	86.33	5	94.92	1
邵阳	82.36	11	79.56	10	86.56	9
岳阳	90.74	1	88.78	2	93.68	3
常德	88.79	3	87.35	4	90.95	5
张家界	66.18	14	65.88	14	66.62	14
益阳	86.36	6	81.46	7	93.71	2
郴州	77.78	13	68.68	13	91.44	4
永州	82.98	9	80.52	9	86.68	8
怀化	78.99	12	76.79	12	82.3	12
娄底	84.32	8	81.04	8	89.24	7
湘西州	82.68	10	77.89	11	89.87	6

五、产业经济贡献力

(一)产业经济贡献力发展情况

产业经济贡献力是科技赋能产业升级与经济增长的助推力,本报告中产业经济贡献力包括战略性新兴产业发展、高新技术产业发展、科技服务业发展、开放发展、绿色发展、园区绩效 6 个二级指标,并从实力、效力两个维度综合分析各指标的总量、占比、增速和增量情况,以此来综合评价各地区产业、绿色、开放、园区绩效发展情况,反映产业贡献经济高质量发展的创新能效。

1. 战略性新兴产业规模稳步增长，支撑现代化产业体系构建

根据《湖南省"十四五"战略性新兴产业发展规划》，"十四五"时期，湖南将重点围绕高端装备、新材料、航空航天、新一代信息技术、生物、节能环保等战略性新兴产业布局，在新赛道上跑出加速度，让新兴产业成为经济增长新引擎。2022年，湖南省战略性新兴产业增加值为5111.99亿元，较上年增加361.39亿元，三年年均增长9.97%；战略性新兴产业增加值占地区生产总值（GDP）的比重为10.50%，较上年提升0.19个百分点。

如图2-25所示，从战略性新兴产业增加值及增速来看，2022年，在全省14个地区中，长沙深耕主业、壮大主体，国家重要先进制造业高地建设迈出新步伐，智能制造再攀高峰，数字经济核心领域快速发展，全市战略性新兴产业增加值居全省第1，是全省唯一超过1000亿元的地区，占全省战略性新兴产业增加值的比重达到27.31%；岳阳、株洲、湘潭、郴州等4个地区战略性新兴产业增加值居全省前列，分别为593.54亿元、593.16亿元、386.75亿元、375.54亿元。张家界、湘西州2个地区排名靠后，均不足100亿元，2个地区战略性新兴产业增加值总量占全省的比重不到2%。从战略性新兴产业增加值增速来看，怀化、株洲等2个地区战略性新兴产业增加值三年增速排名靠前，且均超过全省平均水平（9.97%），其中怀化高于全省平均水平2.05个百分点；张家界、湘西州等2个地区排名靠后，均不足5%，其中张家界增速为负，较上年下降3.00%。

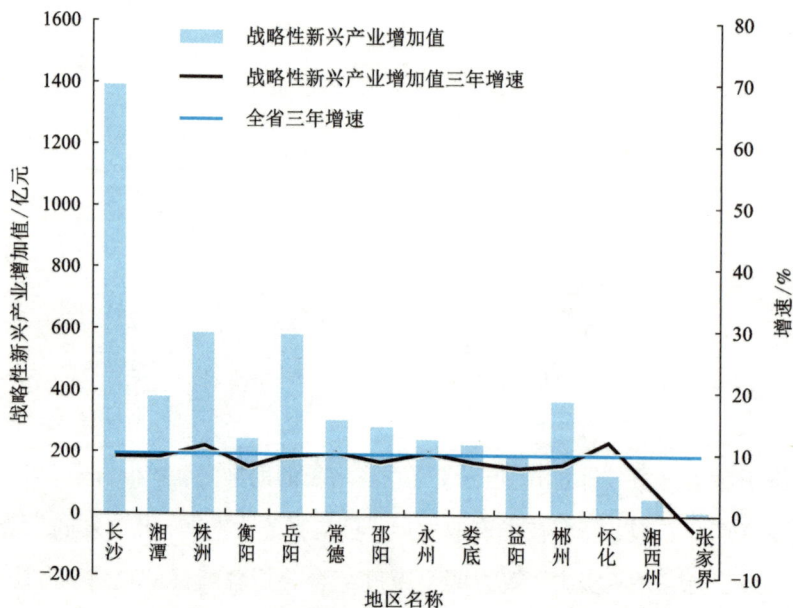

图2-25　2022年各地区战略性新兴产业增加值及增速

如图 2-26 所示，从战略性新兴产业增加值占地区生产总值（GDP）的比重及增量来看，2022 年，在全省 14 个地区中，株洲、湘潭、郴州、岳阳、娄底和邵阳等 6 个地区战略性新兴产业增加值占地区生产总值（GDP）的比重排名靠前，且均超过全省平均水平（10.50%），分别为 16.40%、14.34%、12.60%、12.60%、12.30%、11.20%，株洲地区高于全省平均水平 5.90 个百分点；张家界、衡阳等 2 个地区排名靠后，不足 7%。从战略性新兴产业增加值占地区生产总值（GDP）的比重增量来看，湘潭、岳阳、长沙、湘西州、常德增量排名靠前，分别提升 0.43 个百分点、0.33 个百分点、0.30 个百分点、0.20 个百分点、0.20 个百分点；张家界、郴州、娄底、衡阳 4 个地区排名靠后，且增量为负，分别为 -0.23 个百分点、-0.06 个百分点、-0.02 个百分点、-0.01 个百分点。

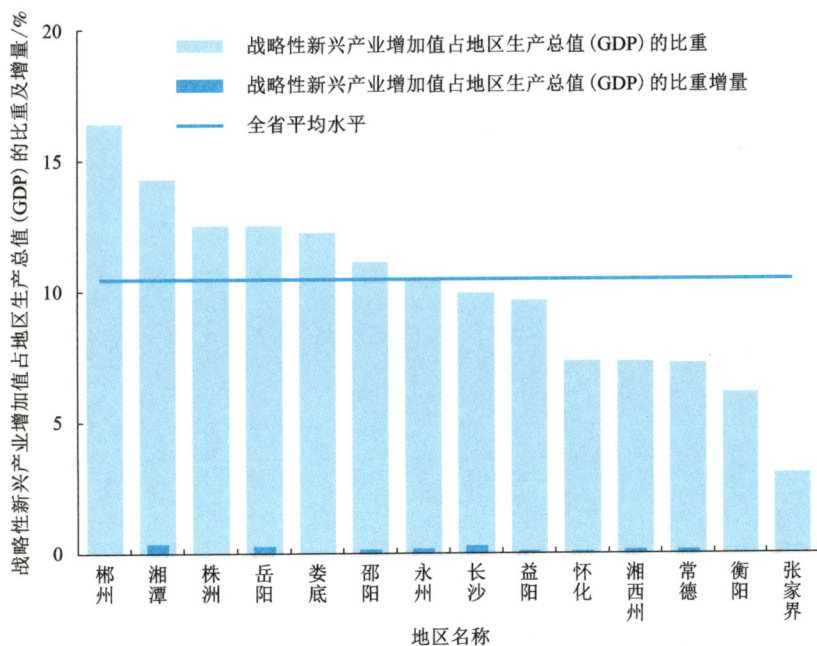

图 2-26　2022 年各地区战略性新兴产业增加值占地区生产总值（GDP）的比重及增量

2. 高新技术产业保持稳定增长，形成经济发展有力动能

湖南省强化产学研用金协同创新，推进关键核心技术工程化、产业化，促进科技成果转化为现实生产力，推进湖南省高新技术产业发展、传统产业转型升级。2022 年，高新技术产业增加值为 11897.34 亿元，较上年增长 8.21%，近三年增速达到 13.87%。高新技术产业增加值占地区生产总值（GDP）的比重为 24.44%，较上年提升 0.58 个百分点。

如图 2-27 所示，从高新技术产业增加值及增速来看，2022 年，在全省 14 个地区中，长沙、岳阳、湘潭、株洲等 4 个地区高新技术产业增加值排名靠前，且均超过 4000 亿元，4 个地区高新技术产业增加值总量占全省的比重超过 60%，其中长沙新材料、电子信息、生物医药等高新技术产业增加值保持高位增长，全市高新技术产业增加值居全省第 1；张家界、湘西州等 2 个地区排名靠后，均不足 100 亿元，分别为 26.64 亿元、71.52 亿元。从高新技术产业增加值增速来看，郴州、岳阳、株洲、邵阳、湘潭等 5 个地区高新技术产业增加值三年增速排名靠前，且均超过全省平均水平（13.87%），其中郴州高于全省平均水平 4.35 个百分点；张家界、湘西州等 2 个地区高新技术产业增加值三年增速排名靠后，均不足 10%，分别为 5.41%、8.94%。

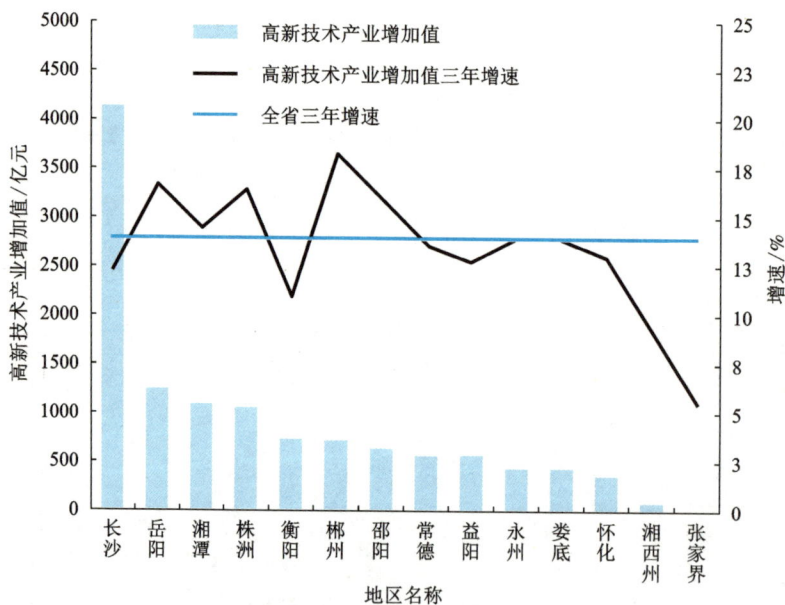

图 2-27　2022 年各地区高新技术产业增加值及增速

如图 2-28 所示，从高新技术产业增加值占地区生产总值（GDP）的比重及增量来看，2022 年，在全省 14 个地区中，湘潭、长沙、株洲、岳阳和益阳等 5 个地区高新技术产业增加值占地区生产总值（GDP）的比重排名靠前，且均超过全省平均水平（24.44%），其中湘潭高于全省平均水平 16 个百分点；张家界、湘西州等 2 个地区排名靠后，均不足 10%，远低于全省平均水平。从高新技术产业增加值占地区生产总值（GDP）的比重增量来看，邵阳、湘潭、永州增量排名靠前，增量均超过 1 个百分点，其中邵阳增量居全省第 1，增加了 2.26 个百分点；增量为负的地区有株洲、郴州、张家界、娄底、怀化 5 个地区，其中株洲高新技术产业增加值占地区生产总值（GDP）的比重下降了 0.87 个百分点。

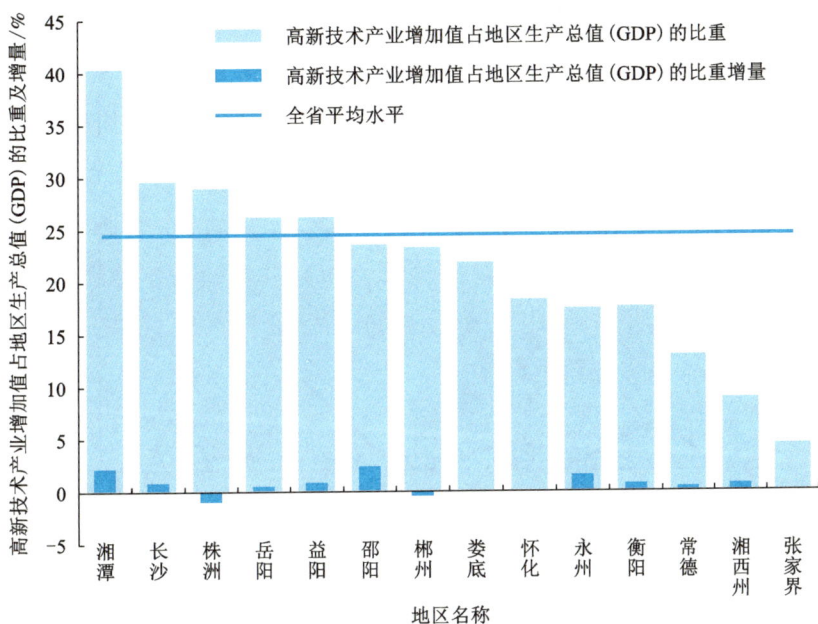

图 2-28 2022 年各地区高新技术产业增加值占地区生产总值（GDP）的比重及增量

3. 高新技术产品出口持续增长，进一步提升对外开放水平

湖南省近年来与 227 个国家和地区建立经贸往来，"湘字号"企业走进 109 个国家和地区，在湘投资的世界 500 强企业达 188 家，高质量举办世界计算大会、国际通用航空产业博览会、全球湘商大会、首届湖南旅游发展大会，实际利用外资、对外投资规模均居中部第一，突出"四个关键点"打造内陆地区改革开放高地。2022 年，湖南省高新技术产品出口额为 559.12 亿元，三年年均增长 10.27%；高新技术产品出口额占货物出口总额的比重为 10.85%，较上年下降 1.27 个百分点。

如图 2-29 所示，从高新技术产品出口额及增速来看，2022 年，在全省 14 个地区中，长沙、岳阳、郴州等 3 个地区高新技术产品出口额排名靠前，均超过 30 亿元，3 个地区高新技术产品出口额总量占全省的比重超过 75%，其中长沙初步构建通达五大洲的国际货运航线网络，与全球 54 个国家（地区）开展常态贸易联络，开展"跨境电商+保税展示"新零售创新改革试点，带动跨境电商交易额大幅提升，全市高新技术产品出口额达到 348.33 亿元，占全省的比重达到 62.30%，居全省第 1；湘西州、张家界、怀化等 3 个地区高新技术产品出口额排名靠后，均不足 2 亿元，分别为 0.28 亿元、0.91 亿元、1.40 亿元。从高新技术产品出口额增速来看，娄底、岳阳、张家界、湘潭、益阳等 9 个地区高新技术产品出口额三年增速均超过全省平均水平（10.27%），其中娄底、岳阳、张家界、湘潭排名靠前，高新技术产品出口额三年增速均超过 40%，娄底高于全省平均水平 71.11 个百分点。

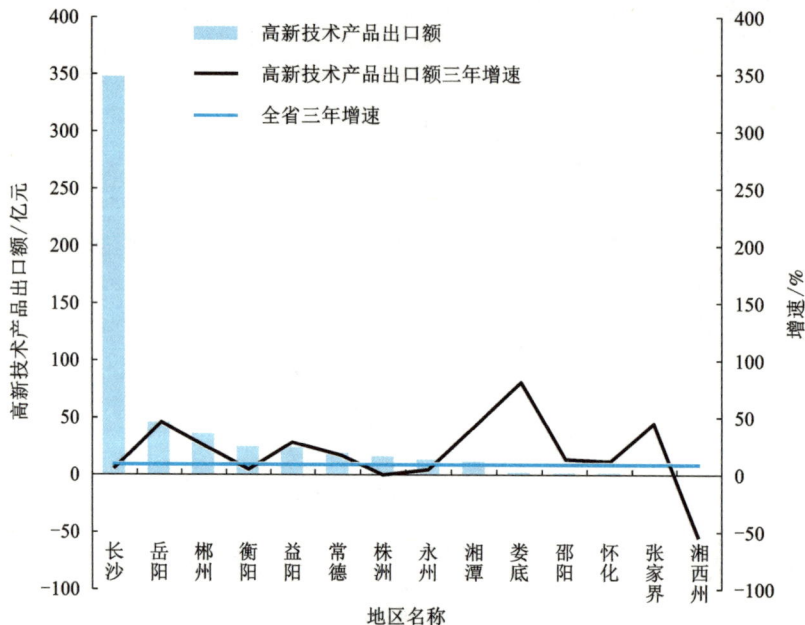

图 2-29　2022 年各地区高新技术产品出口额及增速

　　如图 2-30 所示，从高新技术产品出口额占货物出口总额的比重及增量来看，2022 年，在全省 14 个地区中，岳阳、长沙、益阳和株洲等 4 个地区高新技术产品出口额占货物出口

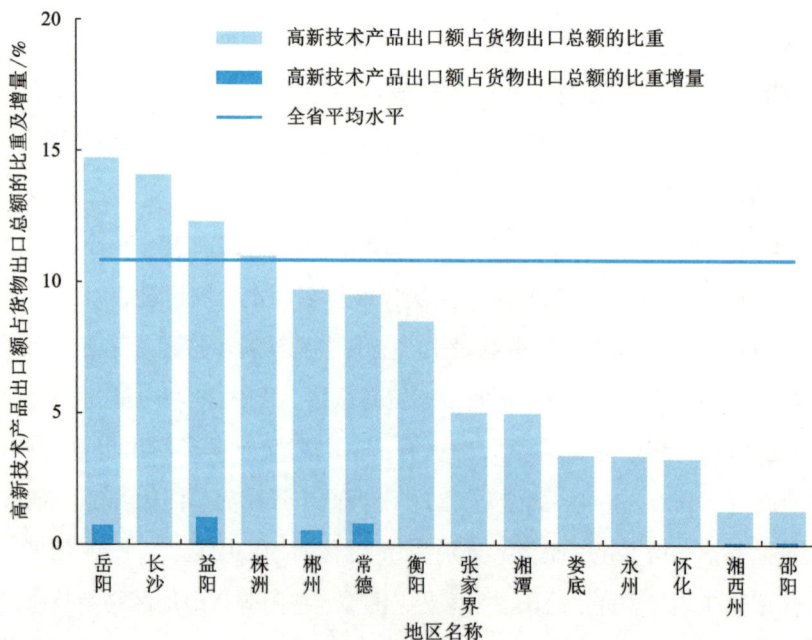

图 2-30　2022 年各地区高新技术产品出口额占货物出口总额的比重及增量

总额的比重排名靠前，分别为 14.74%、14.15%、12.40%、11.04%，均超过全省平均水平（10.85%），其中岳阳高于全省平均水平 3.89 个百分点；邵阳、湘西州等 2 个地区排名靠后，均不足 1.5%。从高新技术产品出口额占货物出口总额的比重增量来看，益阳、常德、岳阳、郴州增量排名靠前，分别为 1.05 个百分点、0.81 个百分点、0.77 个百分点、0.56 个百分点；增量为负的地区有株洲、怀化、衡阳、永州、长沙、张家界、湘潭、娄底，分别下降 10.45 个百分点、2.01 个百分点、1.98 个百分点、1.72 个百分点、1.32 个百分点、0.83 个百分点、0.66 个百分点、0.33 个百分点。

4. 技术创新赋能绿色创新发展，厚植高质量发展的绿色底色

绿色循环低碳发展是当今时代科技革命和产业变革的方向，推动绿色低碳循环发展，加大先进节能减排技术和绿色低碳产品研发和推广力度，可以实现经济社会全面绿色转型，助力实现碳达峰、碳中和目标。2022 年，湖南省万元地区生产总值能耗下降率为 3.60%，较上年提升 0.10 个百分点；环境质量指数为 100.00%。

如图 2-31 所示，从万元地区生产总值能耗下降率及增量来看，2022 年，在全省 14 个地区中，长沙、湘西州、怀化、娄底、永州、张家界和邵阳等 7 个地区万元地区生产总值能耗下降率排名靠前，且均超过全省平均水平（3.60%），其中长沙以绿色发展为引领，以数字技术和实体经济深度融合为契机，推进全市建筑业绿色化、数字化等，打造绿色低碳高质量发展的"长沙模式"，万元地区生产总值能耗下降率高于全省平均水平 2.40 个百分点；湘西州全力实施绿化美化工程，完善生态环境基础设施建设，通过科技创新推进森林防护、空气污染治理、水系治理和耕地污染治理，绿色发展成效明显，万元地区生产总值能耗下降率高于全省平均水平 1.40 个百分点；常德、益阳、株洲等 3 个地区排名靠后，分别为 1.9%、3.2%、3.2%。从万元地区生产总值能耗下降率增量来看，长沙、湘西州、怀化增量排名靠前，且均为全省下降率正增长的地区，分别为 2.7 个百分点、2.7 个百分点、0.6 个百分点；万元地区生产总值能耗下降率增量为负的地区有常德、永州、益阳、衡阳、郴州、邵阳、岳阳、湘潭、张家界，其中常德、永州、益阳等 3 个地区增量排名靠后，分别下降 2.3 个百分点、1.5 个百分点、0.9 个百分点。

如图 2-32 所示，从环境质量指数及增量来看，2022 年，在全省 14 个地区中，郴州、岳阳、长沙、衡阳、怀化、邵阳和娄底等 7 个地区环境质量指数排名靠前，且超过全省平均水平（100.00%），其中郴州以"水资源可持续利用与绿色发展"为主题建设国家可持续发展议程创新示范区，推动郴州的绿色转型、创新发展，环境质量指数高于全省平均水平 4.17 个百分点，达到 104.17%；常德、益阳、株洲等 3 个地区排名靠后，分别为 97.11%、97.18%、97.75%。从环境质量指数增量来看，常德、长沙、岳阳、怀化、湘潭 5 个地区增

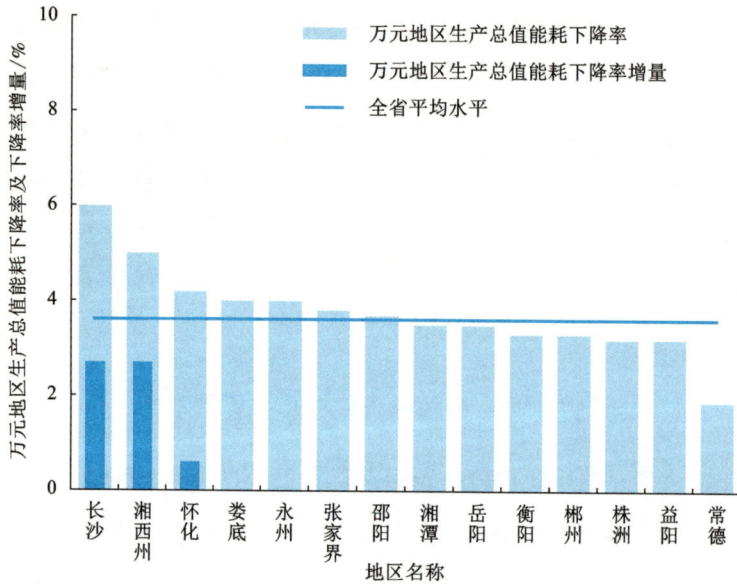

图 2-31　2022 年各地区高万元地区生产总值能耗下降率及下降率增量

量排名靠前，其中常德、长沙地区环境质量指数增量均超过 2 个百分点；增量为负的地区有郴州、湘西州、株洲、益阳、邵阳、永州 6 个地区，其中郴州、湘西州、株洲 3 个地区环境质量指数下降幅度均超过 1.5 个百分点，分别下降 1.94 个百分点、1.74 个百分点、1.72 个百分点。

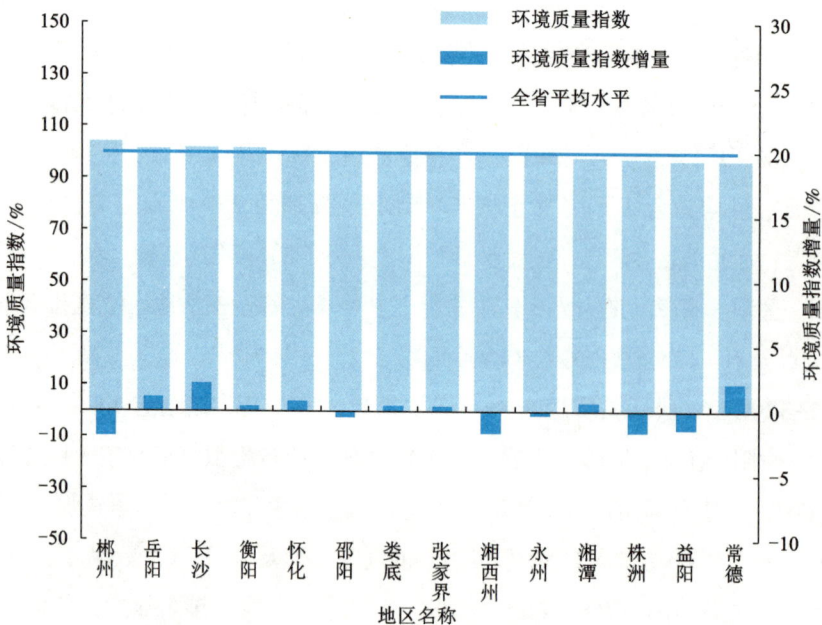

图 2-32　2022 年各地区环境质量指数及增量

(二)产业经济贡献力评价结果

如表 2-10 所示,各地区产业经济贡献力平均得分 83.48 分,其中实力平均得分 83.54 分,效力平均得分 83.38 分。产业经济贡献力得分在 80 以上的地区有 13 个,70~ 80 分的地区有 0 个,60~70 分的地区有 1 个,排名前三的地区分别是长沙、岳阳、湘潭。实力方面排前三的地区是长沙、岳阳、郴州;效力方面排前三的地区是长沙、湘潭、岳阳。

表 2-10　产业经济贡献力评价得分及排名

地区	产业经济贡献力		实力		效力	
	得分	排名	得分	排名	得分	排名
平均得分	83.48	—	83.54	—	83.38	—
长沙	95.09	1	96.78	1	92.56	1
株洲	82.55	8	86.39	6	76.8	13
湘潭	89.22	3	87.3	4	92.11	2
衡阳	85.09	5	86.63	5	82.78	8
邵阳	83.4	7	81.05	10	86.92	4
岳阳	90.09	2	91.74	2	87.61	3
常德	80.69	12	79.28	12	82.8	7
张家界	68.5	14	64.54	14	74.43	14
益阳	80.88	11	81.52	9	79.91	11
郴州	85.54	4	89.37	3	79.8	12
永州	83.79	6	84.3	7	83.02	6
怀化	81.43	10	79.83	11	83.83	5
娄底	82.35	9	82.2	8	82.57	9
湘西州	80.03	13	78.59	13	82.18	10

六、创新主体竞争力

（一）创新主体竞争力发展情况

创新主体竞争力是提升地区科技创新能力的重要驱动力，本报告中创新主体竞争力包括高新技术企业、科技型中小企业及上市培育企业、规上工业企业研发、高校院所基础研究、研发税收优惠、创新创业参与6个二级指标，并从实力、效力两个维度综合分析各指标的总量、占比、增速和增幅情况，以此来综合评价各地区对企业、高校、科研院所等创新主体培育、扶持、激励情况，反映各地区创新主体的创新活力和发展潜力。

1.科技型企业培育体系不断健全，企业创新成长链不断完善

近年来，湖南不断加大对高新技术企业、科技型中小企业等企业的扶持力度，建立健全梯次完善的科技型企业培育体系，完备企业创新成长链，重点培育科技型中小企业、高新技术企业、专精特新企业、瞪羚企业、独角兽企业、科技领军企业等科技型企业。2022年，全省高新技术企业14022家，较上年增长26.75%；科技型中小企业19476家，较上年增长70.83%；上市后备企业770家，较上年增长26.02%。

如图2-33所示，从高新技术企业数量及增速来看，全省14个地区中，长沙、株洲、湘潭和衡阳4个地区高新技术企业数量分别为6656家、1102家、769家和867家，占全省的比重超2/3；全省除娄底、湘西州和张家界3个地区外，其他地区高新技术企业数量均超过400家。各地区高新技术企业数量均呈正向增长，除怀化外，其他地区较上年增速超20%，其中衡阳、郴州、益阳和永州4个地区较上年增速超30%。全省高新技术企业三年平均增速达30.65%，所有地区增速均超过20%，邵阳三年平均增速排名全省第1，达52.05%；三年平均增速超40%的共有2个地区，分别为衡阳（47.35%）和永州（42.24%）；益阳、郴州和张家界3个地区三年平均增速均超30%，分别为35.60%、32.54%和30.77%。

如图2-34所示，从科技型中小企业数量及增速来看，全省14个地区中，科技型中小企业数量超过1000家的地区有9个，仅5个地区科技型中小企业数量未达到1000家。2022年，长沙科技型中小企业数量占全省的比重为32.88%，其他地区科技型中小企业数量占全省的比重未达10%。各地区通过税收减免、财政补贴等形式加大对科技型中小企业的支持力度，全省科技型中小企业数量均较上年有大幅度增长，共有5个地区科技型中小

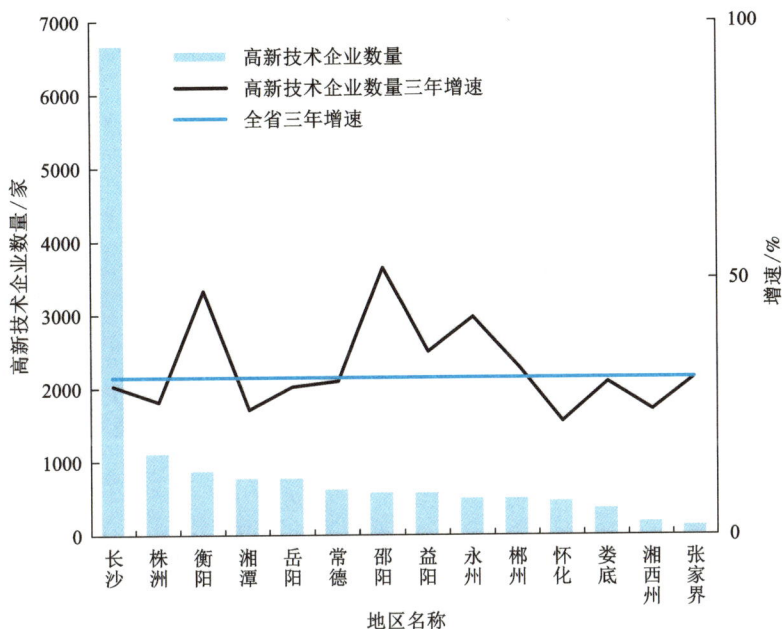

图 2-33　2022 年各地区高新技术企业数量及增速

企业数量增速超 100%，分别是永州（169.31%）、益阳（147.97%）、邵阳（141.87%）、岳阳（120.79%）和郴州（111.60%）；除怀化科技型中小企业数量较上年增长 29.51% 之外，其他各地区科技型中小企业数量增速均超 40%。全省科技型中小企业数量三年平均增速达82.20%，共 7 个地区三年平均增速超 90%，分别为邵阳（166.77%）、永州（131.62%）、郴州（114.04%）、岳阳（109.51%）、衡阳（97.13%）、益阳（96.44%）和常德（95.74%）。

　　如图 2-35 所示，从上市后备企业数量及增速来看，全省 14 个地区中，上市后备企业数量超过 50 家的地区 5 个，未过 10 家的地区 1 个，8 个地区的上市后备企业数量在 10~50 家之间。2022 年长沙、株洲 2 个地区上市后备企业数量占全省总量的 45.45%，其中长沙 261 家，占全省总量的比重达到 33.90%。在进一步加大政策支持力度和优化创新创业服务环境下，优质企业上市进程加快，全省各地区上市后备企业数均呈正向增长，其中株洲上市后备企业数增速居全省第 1 位，达 48.33%；增速超 20% 的地区还有长沙、岳阳、湘西州、娄底、张家界和衡阳 6 个地区；除永州外，其他地区上市后备企业数量均较上年提升 10% 以上。省上市后备企业三年平均增速为 26.21%，其中张家界三年平均增速达44.22%，排名全省第 1 位；三年平均增速超 30% 的地区还有衡阳（37.84%）、郴州（37.78%）、岳阳（37.51%）、娄底（33.30%）和株洲（31.66%）。

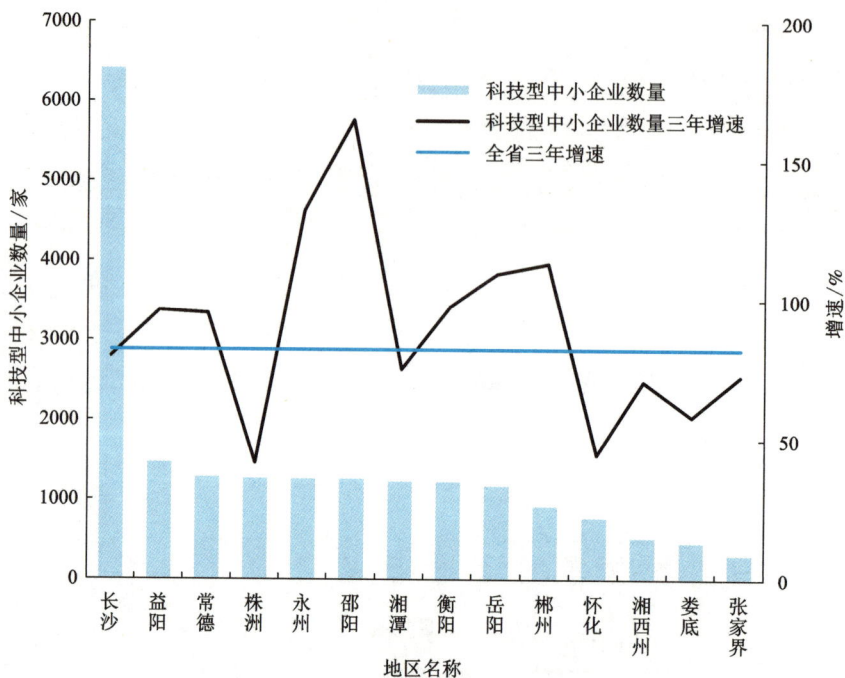

图 2-34　2022 年各地区科技型中小企业数量及增速

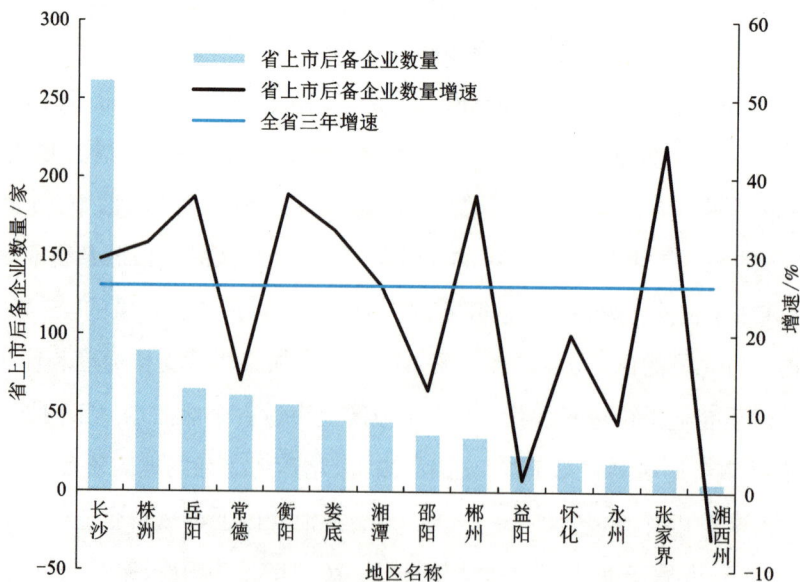

图 2-35　2022 年各地区省上市后备企业数量及增速

2. 各类创新主体自立自强，创新实力水平逐步提升

湖南省出台一系列政策鼓励企业、高校、科研院所增加研究开发和技术创新投入，针对不同创新主体的研发财政奖补等系列政策，支持企业加大研发投入，促进高校和科研院所加强基础研究，规定高新技术企业、国家高新技术制造业企业等创新主体需从营业收入中提取一定比例用于研究开发和技术创新。2022年，全省规模以上工业企业研发（R&D）经费占营业收入的比重为1.80%，较上年提升0.04个百分点；规模以上工业企业有研发（R&D）活动的单位占比为52.52%，较上年提升0.71个百分点。高校基础研究占研发（R&D）经费支出的比重达45.96%，较上年提升达7.88%个百分点；科研机构基础研究占研发（R&D）经费支出的比重较上年提升3.40个百分点。

如图2-36所示，从规模以上工业企业研发（R&D）经费占营业收入的比重及增量来看，全省14个地区中，规模以上工业企业研发（R&D）经费占营业收入的比重超过全省平均水平的地区有7个地区，分别为株洲、衡阳、怀化、长沙、张家界、郴州和常德，其中株洲、衡阳、怀化和长沙4个地区规模以上工业企业研发（R&D）经费占营业收入的比重超2%；除益阳外，其他各地区规模以上工业企业研发（R&D）经费占营业收入的比重均超1%。全省共有7个地区规模以上工业企业研发（R&D）经费占营业收入的比重较上年有所提升，其中张家界、怀化、常德较上年提升超0.5个百分点；衡阳规模以上工业企业研发（R&D）经费占营业收入的比重与上年持平；全省共6个地区规模以上工业企业研发（R&D）经费占营业收入的比重较上年有所下降，其中长沙和永州较上年下降超0.2个百分点。

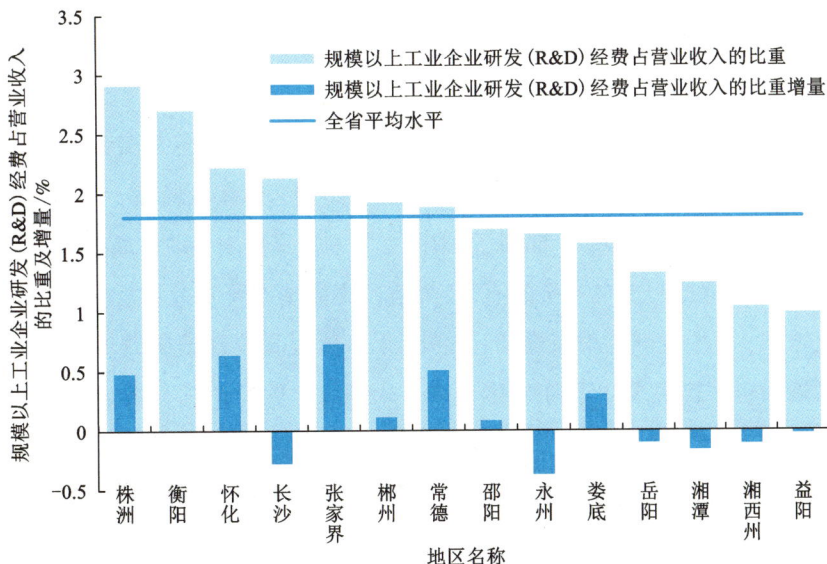

图2-36 2022年各地区规模以上工业企业（R&D）经费占营业收入的比重及增量

如图 2-37 所示，从规模以上工业企业有研发（R&D）活动的单位占比及增量来看，长沙占比达 62.61%，是全省各地区中唯一一个占比超 60% 的地区，占比超 55% 的地区还有郴州（59.76%）、邵阳（58.32%）、衡阳（56.47%）、常德（55.44%）、怀化（55.28%）和岳阳（55.11%），株洲和湘西州占比未超过 40%，分别为 37.21% 和 29.60%。全省共 7 个地区规模以上工业企业有研发（R&D）活动的单位占比较上年有不同程度提升，其中邵阳、张家界和常德较上年提升幅度超 8 个百分点；共 7 个地区占比较上年有所下降，其中湘潭下降 12.05 个百分点。

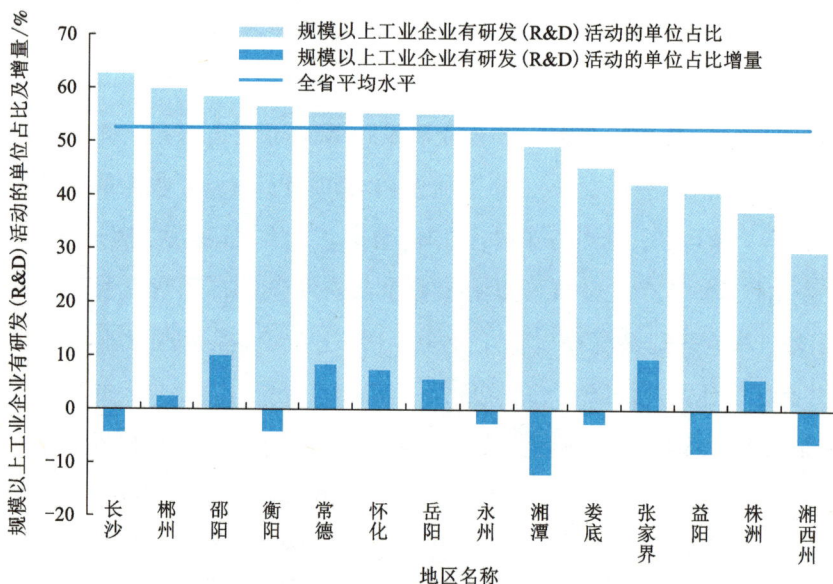

图 2-37　2022 年各地区规模以上工业企业有研发（R&D）活动的单位占比及增量

如图 2-38 所示，从高校基础研究占研发（R&D）经费支出比重及增量来看，全省 14 个地区中，超过全省平均水平（38.08%）的地区有湘西州、衡阳、湘潭、株洲、永州、长沙6 个，其中湘西州占比超过 50%。郴州、益阳、岳阳、张家界 4 个地区高校基础研究占研发（R&D）经费支出比重低于 20%。全省有 10 个地区高校基础研究占研发（R&D）经费支出比重增量为正增长，其中株洲的增量最高；此外，4 个地区高校基础研究占研发（R&D）经费支出比重增量为负，其中永州下降幅度最大，永州、常德、邵阳下降幅度均超过 5 个百分点。

如图 2-39 所示，从科研机构基础研究占研发（R&D）经费支出比重及增幅来看，全省14 个地区中，超过全省平均水平（12.93%）的地区有 6 个，分别为娄底、益阳、湘潭、郴州、湘西州和长沙，占比分别为 55.90%、32.27%、28.77%、19.69%、19.38% 和 17.57%；

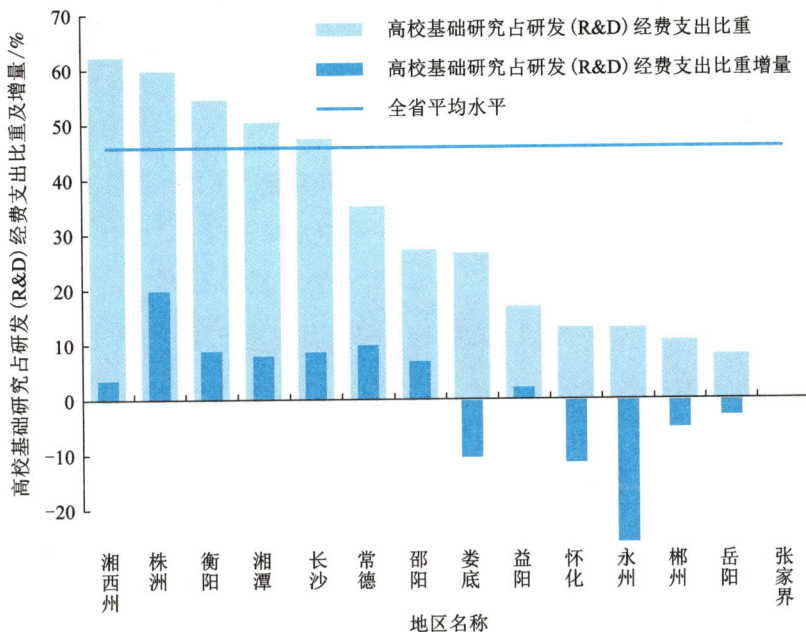

图 2-38　2022 年各地区高校基础研究占研发(R&D)经费支出比重及增量

常德和岳阳 2 个地区的科研机构未开展基础研究。在全省科研机构有基础研究投入的 12 个地区中,有 8 个地区比重较上年有提升,其中娄底、益阳和湘西州 3 个地区的比重分别较上年提升 50.73、22.71 和 19.38 个百分点,科研机构基础研究占研发(R&D)经费支出的比重较上年提升的地区还有邵阳、永州、张家界、株洲和长沙。

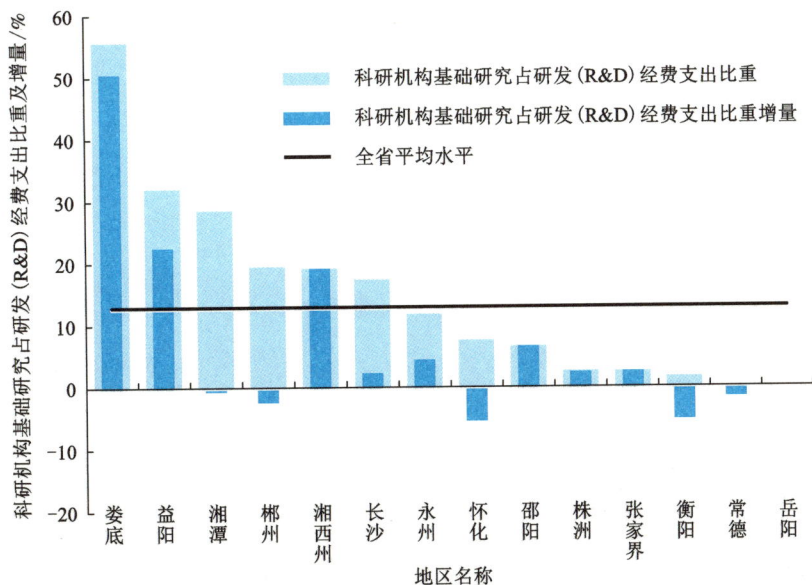

图 2-39　2022 年各地区科研机构基础研究占研发(R&D)经费支出比重及增量

3.研发扶持力度不断加强，企业获得感持续提升

研发费用加计扣除政策是支持企业科技创新的有效政策抓手，湖南省贯彻落实国务院激励企业加大研发投入、优化研发费用加计扣除政策实施的举措，连续实施企业研发财政奖补政策，让企业充分享受政策红利。2022年全省企业研发加计扣除减免税额为676.20亿元，较上年增长16.29%。

如图2-40所示，从企业研发加计扣除减免税额及增速来看，全省14个地区中，长沙企业研发加计扣除减免税额为375.40亿元，占全省总量的55.52%；11个地区的企业研发加计扣除减免税额在10亿~70亿元之间；湘西州、张家界企业研发加计扣除减免税额均低于10亿。在研发财政奖补政策、加计扣除比例提升等激励政策作用下，绝大部分地区企业研发加计扣除减免税额均呈正向增长，其中长沙企业研发加计扣除减免税额增速21.60%，居全省第1；增速超过10%的地区还有永州、益阳、岳阳、湘潭、株洲、衡阳、娄底和张家界。全省企业研发加计扣除减免税额三年平均增速达106.31%，14个地区三年平均增速均超80%，增速超100%的地区有永州(125.21%)、益阳(119.24%)、张家界(116.54%)、邵阳(115.15%)、娄底(114.24%)、岳阳(113.20%)、常德(111.33%)、衡阳(109.80%)、长沙(109.70%)、湘潭(108.26%)和湘西州(106.10%)。

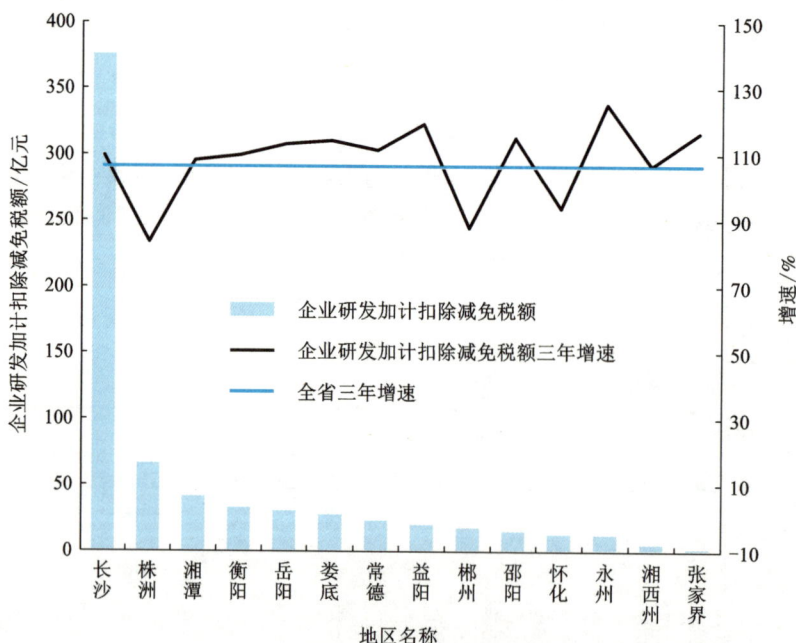

图2-40　2022年各地区企业研发加计扣除减免税额及增速

如图 2-41 所示，从每万家企业中享受研发加计扣除企业数及增量来看，全省 14 个地区中，每万家企业中享受研发加计扣除企业数超过全省平均水平(173.56 个/万家)的地区有湘潭、长沙和株洲 3 个地区，分别为 274.67 个/万家、271.82 个/万家和 261.60 个/万家；7 个地区每万家企业中享受研发加计扣除企业数处于 100~200 个/万家之间，分别是怀化、衡阳、益阳、娄底、岳阳、郴州和常德；4 个地区每万家企业中享受研发加计扣除企业数在 100 个/万家以内，分别是邵阳、永州、湘西州和张家界。

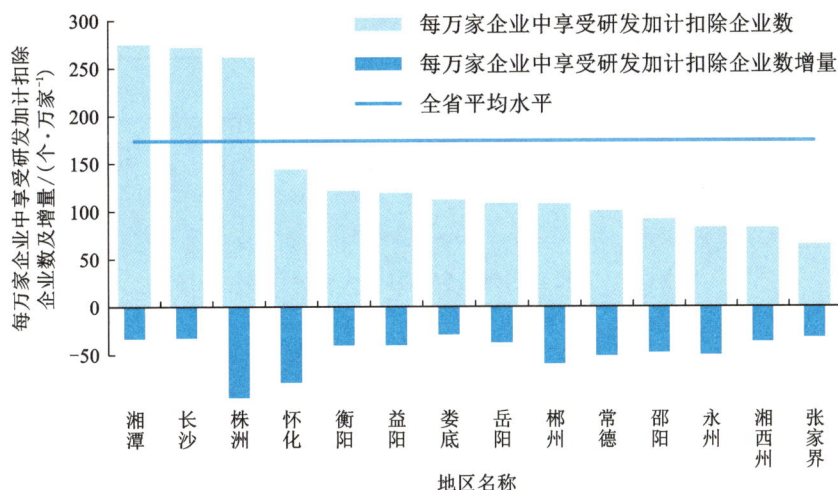

图 2-41　2022 年各地区每万家企业中享受研发加计扣除企业数及增量

4. 创新创业氛围逐步形成，赛事规模不断扩大

2022 年，湖南省通过创新创业大赛等形式，持续激发创新创业活力，切实解决参赛企业融资难的问题。探索实施"以赛代评"的科技计划立项新机制，与科技小微企业培养计划进行有效衔接，新增"以投代评"晋级通道和人才激励政策，优化创新创业生态。2022 年全省创新创业大赛获奖数量为 211 个，较上年增加 20 个；创新创业大赛获奖金额为 3050 万元，较上年增加 890 万元。

如图 2-42 所示，从创新创业大赛获奖数量及增量来看，全省 14 个地区中，长沙和株洲创新创业大赛获奖数量分别为 86 个和 30 个，排名全省第 1、2 位；获奖数量超过 10 个的地区还有常德、益阳、永州、娄底和张家界；从各地区创新创业大赛获奖数量变化来看，长沙获奖数量较上年增加 20 个，株洲、常德、娄底和岳阳 4 个地区获奖数量分别较上年增加 9 个、8 个、7 个和 2 个；湘西州和湘潭获奖数量与上年保持一致；张家界、怀化、郴州、邵阳、永州、益阳和衡阳等 7 个地区获奖数量较上年有所下降。

如图 2-43 所示，从创新创业大赛获奖金额及增量来看，全省 14 个地区中，长沙创新

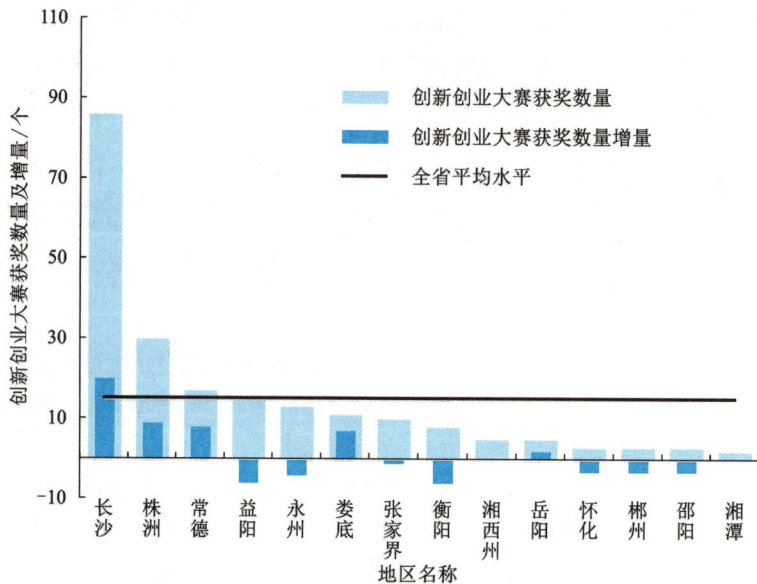

图 2-42　2022 年各地区创新创业大赛获奖数量及增量

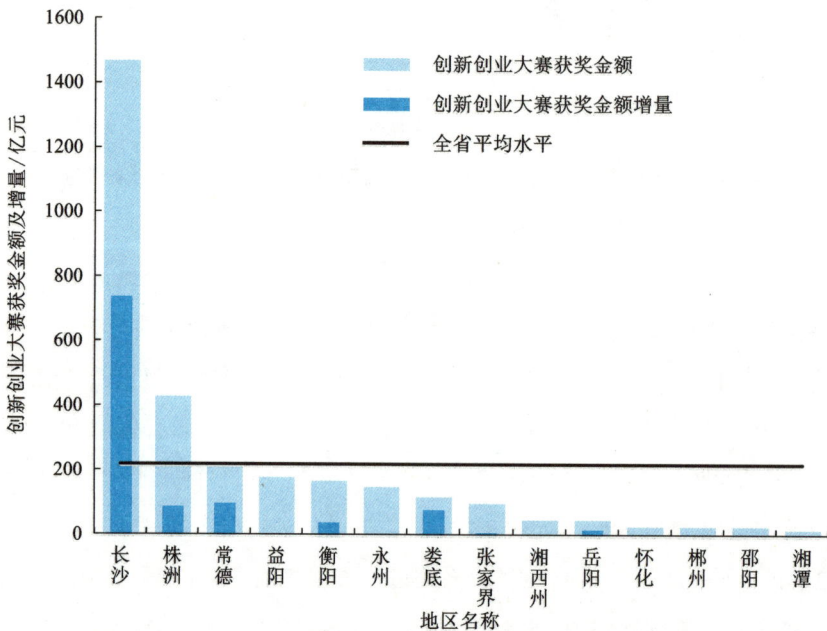

图 2-43　2022 年各地区创新创业大赛获奖金额及增量

创业获奖金额为1470万元，排名第1位；获奖金额超过100万的地区有株洲、常德、益阳、衡阳、永州、娄底和张家界，获奖金额分别为 430 万、220 万、180 万、170 万、150 万、120 万和100万元；湘西州、岳阳、怀化、郴州、邵阳和湘潭 6 个地区创新创业获奖金额均未超过 100 万元。2022 年全省共有 7 个地区创新创业大赛获奖金额较上年提升，其中长沙较上年提升 740 万元，增量居全省第 1；创新创业大赛获奖金额较上年提升的地区还有常德、株洲、娄底、衡阳、岳阳和张家界，分别较上年提升 100 万、90 万、80 万、40 万、20 万和 10 万；湘西州和湘潭创新创业大赛获奖金额与上年保持一致；怀化、永州、郴州、邵阳和益阳创新创业大赛获奖金额均较上年有不同程度的下降。

（二）创新主体竞争力评价结果

如表 2-11 所示，各地区创新主体竞争力平均得分 84.19 分，其中实力平均得分 82.57 分，效力平均得分 86.61 分。创新主体竞争力得分在 80 以上的地区有 12 个，70~80 分的地区有 2 个，排名前三的地区分别是长沙、衡阳、常德。实力方面排前三的地区是长沙、株洲、衡阳；效力方面排前三的地区是长沙、邵阳、张家界。

表 2-11 创新主体竞争力评价得分及排名

地区	创新主体竞争力		实力		效力	
	得分	排名	得分	排名	得分	排名
平均得分	84.19	—	82.57	—	86.61	—
长沙	96.08	1	98.77	1	92.04	1
株洲	85.93	5	92.75	2	75.69	14
湘潭	85.23	8	84.55	4	86.26	9
衡阳	87.89	2	87.33	3	88.74	7
邵阳	85.38	6	81.21	12	91.63	2
岳阳	86.07	4	83.31	6	90.22	6
常德	86.78	3	84.31	5	90.48	4
张家界	75.12	13	64.31	14	91.34	3
益阳	83.58	11	83.24	7	84.10	11
郴州	84.00	9	81.80	10	87.30	8
永州	83.68	10	81.97	9	86.24	10
怀化	80.67	12	83.02	8	77.14	13
娄底	85.25	7	81.80	10	90.43	5
湘西州	72.96	14	67.66	13	80.92	12

第三篇 市州评价篇

一、长沙市

长沙市加快实施创新驱动发展，大力实施"强省会"战略，以争创国家科技创新中心为引领，加快打造具有核心竞争力的科技创新高地，创新能力在国家创新型城市评价中排名前八。2022年，"四大实验室"相继在长沙挂牌建设，杂交水稻、工程机械、极端制造、整车设计等领域4家全国重点实验室完成重组，国家第三代半导体技术创新中心（湖南）正式获批，宁乡高新区成功升级为国家高新区。长沙市持续加大研发经费投入推动创新主体高质量发展，全社会研发投入显著提升，"科技型中小企业-高新技术企业-科技领军企业"梯队不断完善，新能源汽车、储能材料等新兴产业显著增长，智能制造装备产业、新一代自主安全计算系统产业进入国家第一方阵，高质量发展新动能、新优势加速成形。

长沙市科技创新能力综合得分93.7，排名第1位，较上年度排名无变化。如图3-1所示，长沙"科技创新供给力"得分95.04，排名第1位，较上年度排名无变化；"成果产出转化力"得分93.22，排名第1位，较上年度排名无变化；"平台载体驱动力"得分86.38，排名第5位，较上年度下降2名；"产业经济贡献力"得分95.09，排名第1位，较上年度进位1名；"创新主体竞争力"得分96.08，排名第1位，较上年度排名无变化。总体来看，长沙市"科技创新供给力""创新主体竞争力""产业经济贡献力""成果产出转化力"四个维度较全省平均水平均有较大领先优势；"平台载体驱动力"略高于全省平均水平。

长沙市科技创新实力得分96.71，排名第1位，较上年度排名无变化。如图3-2所示，"科技创新供给实力"得分98.01，排名第1位，较上年度排名无变化；"成果产出转化实

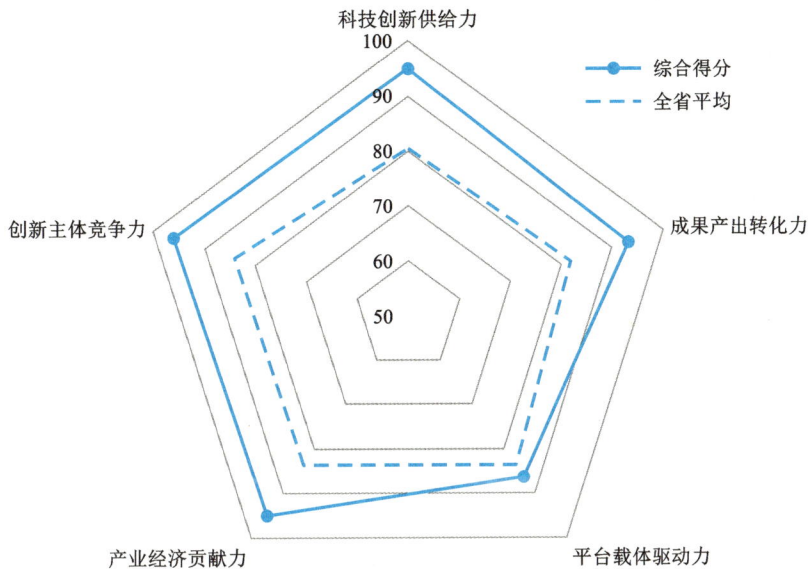

图 3-1　长沙市科技创新能力雷达图

力"得分 94.23，排名第 1 位，较上年度排名无变化；"平台载体驱动实力"得分 93.54，排名第 1 位，较上年度排名无变化；"产业经济贡献实力"得分 96.78，排名第 1 位，较上年度排名无变化；"创新主体竞争实力"得分 98.77，排名第 1 位，较上年度排名无变化。总体来看，长沙市"科技创新供给实力""创新主体竞争实力""成果产出转化实力""产业经济贡献实力""平台载体驱动实力"五个维度较全省平均水平均有较大领先优势。

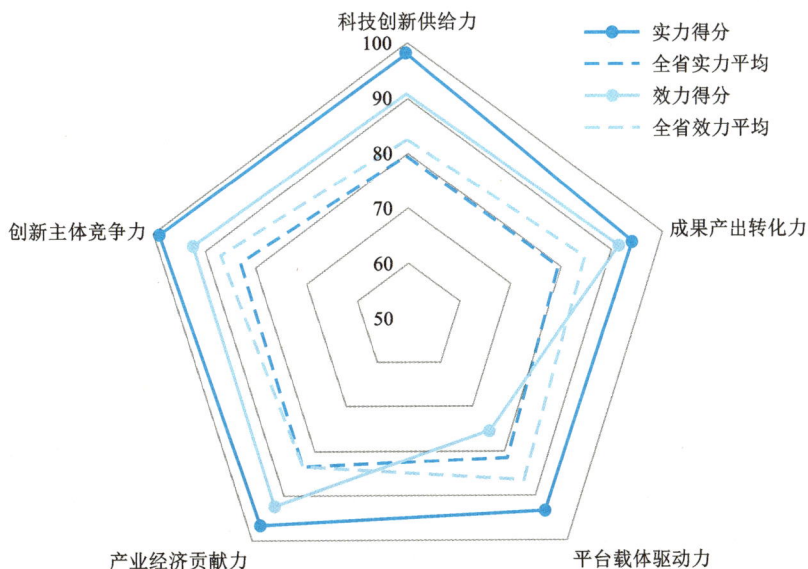

图 3-2　长沙市科技创新实力、效力雷达图

长沙市科技创新效力得分89.27，排名第1位，较上年度进位7名。如图3-2所示，"科技创新供给效力"得分90.57，排名第1位，较上年度进位7名；"成果产出转化效力"得分91.70，排名第1位，较上年度排名无变化；"平台载体驱动效力"得分75.65，排名第13位，较上年度退位4名；"产业经济贡献效力"得分92.56，排名第1位，较上年度进位11名；"创新主体竞争效力"得分92.04，排名第1位，较上年度进位6名。总体来看，长沙市"产业经济贡献效力""科技创新供给效力""成果产出转化效力""创新主体竞争效力"四个维度较全省平均水平均有较大领先优势；"平台载体驱动效力"较全省平均水平差距较为明显。

长沙市在2022年度科技创新能力综合评价的96项实力、效力三级指标中，有39项指标排名第1，有10项指标排名第2，共计71项指标排名居全省前7位，其中有57.75%的指标为总量、占比等实力指标，包括"全社会研发（R&D）经费支出""全社会研发（R&D）人员全时当量""基础研究经费支出""地方财政科技支出"等。有13项指标排名居全省第11~14位，其中有69.23%的指标为增速、增量等效力指标，包括"省级及以上高新区生产总值占地区生产总值（GDP）的比重增量""省级及以上科技园区占园区比重增量""技术合同成交额增速""高新技术企业数量增速"等。

评价结果显示（表3-1）：长沙市在研发经费和人员投入、基础研究领域、财政资金支持、高价值发明专利、技术市场交易活跃度、科技企业培育、创新主体竞争力等方面表现突出，拥有绝对实力；在战略性新兴产业、高新技术产业拉动区域经济高质量发展等方面表现良好；在园区高效发展、创新主体持续创新研发、开放发展等方面需要进一步提质增速。

根据此次评价结果，建议长沙市强化省会城市担当，坚定不移打造全球研发中心城市，引领创新资源加速集聚，不断提升城市首位度。落实新一轮长株潭自主创新示范区三年行动计划，加快建设湘江科学城，推进省"4+4科创工程"在长项目建设，依托"马栏山视频文创产业园"推进科技赋能文化产业创新工程，实施研发企业（中心）集聚、战略平台支撑等七大工程，汇聚全球科技研发资源，加快建设全球研发中心城市。依托湘江科学城、岳麓山大科城完善科技成果转化体制机制，盘活在长科技创新资源，支持建设"科创飞地"中试基地、概念验证中心等平台，探索"研发代工""异地孵化"模式，加大科技金融改革创新力度，放大研发中心城市溢出效应，增强省会辐射带动力。聚焦"4×4"现代化产业体系，深入推进园区体制机制改革，发挥园区集聚产业的主阵地作用，加强科技创新和产业创新融合发展，强化以企业为主导的产学研深度融合，提高科技成果转化和产业化水平，不断以新技术培育新产业、引领产业升级。推动工程机械、自主安全计算系统国家级产业集群向世界级迈进，推动先进能源、新能源汽车、生物医药晋级"国家队"。

表 3-1 长沙市科技创新能力评价结果

指标名称	科技创新能力		实力（60%）		效力（40%）	
	得分	排名	得分	排名	得分	排名
总得分	93.7	1	96.71	1	89.27	1↑
一、科技创新供给力	95.0	1	98.01	1	90.57	1↑
全社会研发（R&D）经费投入	96.3	1↑	99.59	1	91.25	2↑
全社会研发（R&D）人员投入	98.1	1↑	100.00	1	95.23	1↑
基础研究经费投入	95.3	1	97.36	1	92.20	2↑
地方财政科技投入	90.7	2↓	94.73	2	84.60	6↓
二、成果产出转化力	93.2	1	94.23	1	91.70	1
发明专利	98.8	1	100.00	1	97.09	1↑
高价值专利	99.4	1	100.00	1	98.56	1↑
技术市场	87.4	5↓	93.15	2↑	78.65	11↓
科技成果奖励	86.5	14↓	77.50	14↓	100.00	1
科研论文	99.6	1	100.00	1	99.10	2↑
三、平台载体驱动力	86.4	5↓	93.54	1	75.65	13↓
园区发展	73.5	14↓	85.84	8↓	55.00	14
研发平台与创新载体	95.8	1	100.00	1	89.41	7↑
园区覆盖率	71.1	13↓	81.85	11↓	55.00	14↓
四、产业经济贡献力	95.1	1↑	96.78	1	92.56	1↑
战略性新兴产业	94.2	3↑	93.97	4↑	94.53	3↑
高新技术产业	93.5	3↑	97.39	1	87.68	4↑
科技服务业	98.5	1	100.00	1	96.30	1↑
开放发展	97.6	1↑	99.64	1	94.44	9↑
绿色发展	97.6	1↑	96.25	1↑	99.70	1↑
园区绩效	88.8	5↓	93.37	6↑	82.00	6↓
五、创新主体竞争力	96.1	1	98.77	1	92.04	1↑
高新技术企业	96.2	1↑	98.89	1	92.22	5↑
科企、上市培育企业	96.8	1	100.00	1	91.95	7↑
规上工业企业研发	87.9	5↓	94.07	1↑	78.57	9↓
高校院所基础研究	91.8	4↓	93.27	4↓	89.69	6↓
研发税收优惠	98.9	1	99.94	1	97.31	7↑
创新创业参与	100.0	1	100.00	1	100.00	1↑

二、株洲市

株洲市坚持"聚焦、裂变、创新、升级、品牌"工作思路，着力提升自主创新水平，全社会研发投入强度稳居全省首位，在国家创新型城市排名中位居 37 位。持续深化制造名城建设，推动产业创新集群建设，中小航空发动机产业获评国家先进制造业集群，先进硬质材料、陶瓷、服饰、高分子新材料获评省级产业集群，跻身 2022 年度中国先进制造业百强城市榜单第 36 名。充分发挥地区科技领军企业技术研发优势，建设了一批高水平科技创新平台，功率半导体集成技术、重载快捷大功率电力机车 2 家全国重点实验室完成重组重新入列，启动能实验装置、航空发动机冰风洞装置两个重大科学装置建设。积极开展关键核心技术攻关，新一代轨道交通高效驱动系统技术等项目顺利推进，永磁电机、半导体等领域一批自主创新成果填补国内空白。

株洲市科技创新能力综合得分 86.8，排名第 3 位，较上年度退位 1 名。如图 3-3 所示，"科技创新供给力"得分 91.38，排名第 2 位，较上年度排名无变化；"成果产出转化力"得分 87.41，排名第 3 位，较上年度退位 1 名；"平台载体驱动力"得分 85.92，排名第 7 位，较上年度退位 2 名；"产业经济贡献力"得分 82.55，排名第 8 位，较上年度退位 4 名；"创新主体竞争力"得分 85.92，排名第 5 位，较上年度退位 2 名。株洲市"科技创新供给力""成果产出转化力"两个维度较全省平均水平有较大领先优势；"平台载体驱动力""创新主体竞争力"两个维度略高于全省平均水平；"产业经济贡献力"与全省平均水平相当。

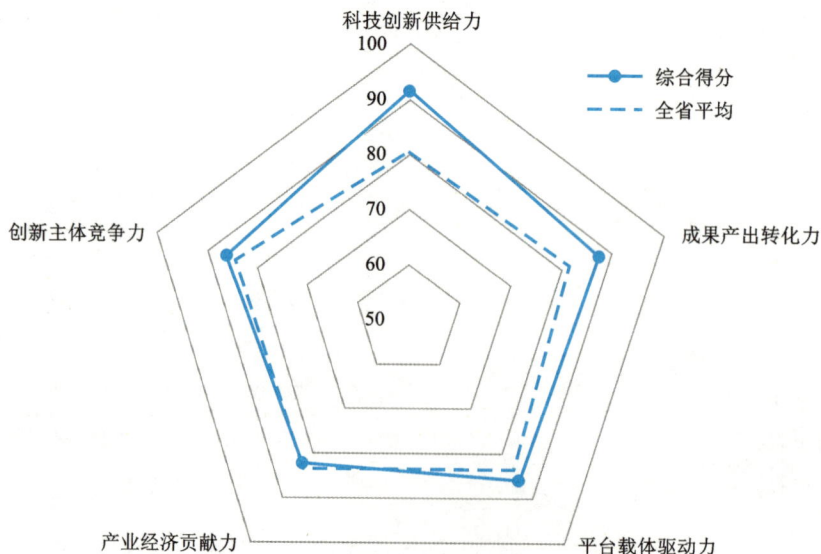

图 3-3　株洲市科技创新能力雷达图

株洲市科技创新实力得分90.06，排名第2位，较上年度排名无变化。如图3-4所示，"科技创新供给实力"得分92.65，排名第2位，较上年度排名无变化；"成果产出转化实力"得分90.28，排名第2位，较上年度排名无变化；"平台载体驱动实力"得分85.93，排名第6位，较上年度退位1名；"产业经济贡献实力"得分86.39，排名第6位，较上年度退位3名；"创新主体竞争实力"得分92.75，排名第2位，较上年度排名无变化。株洲市"科技创新供给实力""成果产出转化实力""创新主体竞争实力"三个维度较全省平均水平有较大领先优势；"平台载体驱动实力"较全省平均水平具有一定优势；"产业经济贡献实力"略高于全省平均水平。

株洲市科技创新效力得分82.00，排名第10位，较上年度退位1名。如图3-4所示，"科技创新供给效力"得分89.47，排名第3位，较上年度进位8名；"成果产出转化效力"得分83.10，排名第10位，较上年度退位7名；"平台载体驱动效力"得分85.92，排名第11位，较上年度退位4名；"产业经济贡献效力"得分76.80，排名第13位，较上年度退位2名；"创新主体竞争效力"得分75.69，排名第14位，较上年度退位2名。株洲市"科技创新供给效力"较全省平均水平有较大领先优势；"平台载体驱动效力"与全省平均水平相当；"成果产出转化效力"略低于全省平均水平；"产业经济贡献效力""创新主体竞争效力"两个维度与全省平均水平差距较为明显。

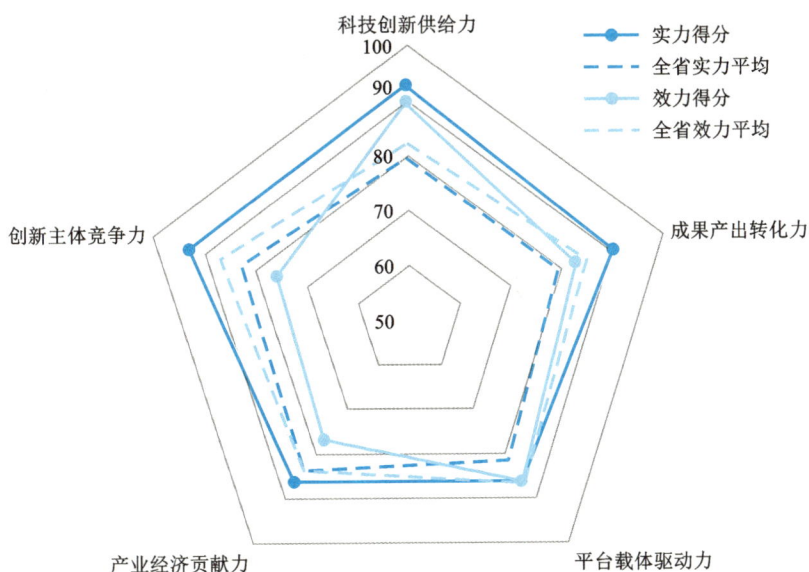

图3-4　株洲市科技创新实力、效力雷达图

株洲市在2022年度科技创新能力综合评价的96项实力、效力三级指标中，有13项指标排名第1，有25项指标排名第2，共计67项指标排名居全省前7位，其中有58.21%的

指标为总量、占比等实力指标,包括"全社会研发(R&D)经费支出占地区生产总值(GDP)的比重""地方财政科技支出占地方财政支出的比重""战略性新兴产业增加值占地区生产总值(GDP)的比重""每万家企业法人中高新技术企业数"等。有18项指标排名居全省第11~14位,其中有72.22%的指标为增速、增量等效力指标,包括"每万家企业中享受研发加计扣除企业数增量""科技型中小企业数量增速""每万家企业法人中高新技术企业数增量""高新技术产品出口额占货物出口总额的比重增量""高新技术产业增加值占地区生产总值(GDP)的比重增量"等。

评价结果显示(表3-2):株洲市在全社会研发投入、高水平科技成果产出、技术市场交易活跃度、企业创新主体数量、园区发展质效等方面表现突出;在新兴产业培育、科研产出、基础研究能力提升等方面表现良好;在技术合同交易额持续增长、高新技术和上市企业培育、高新技术产品出口比重等方面仍有待加强。

根据此次评价结果,建议株洲市进一步强化科技创新对经济社会高质量创新发展的引领和支撑,持续提升创新动能,推动国家创新型城市争先进位。积极融入和推进长株潭自主创新示范区、"4+4科创工程"等科技创新高地五大标志性工程建设,加快力能实验装置和航空发动机冰风洞装置两个重大科学装置建设;充分发挥株洲市科技领军企业、科研院所、高水平国家级科技创新平台等资源优势,不断深化科技成果转化对接服务,持续激活技术交易市场,强化科技创新驱动产业创新、产品创新,培育发展新质生产力。围绕全省"4×4"现代化产业体系,瞄准全球产业链价值链高端,持续推进轨道交通装备、中小航空发动机、硬质合金及北斗等优势产业延链补链强链,不断扩大现有产业优势;持续推进服饰、陶瓷、烟花等传统产业转型升级,提升产业链核心竞争力;持续优化科技创新生态和营商环境,加大战略性新兴产业和未来产业培育孵化力度。提质升级长株潭国家自主创新示范区株洲片区建设,持续推进科技园区体制机制改革,推动园区高质量发展,坚持"人均税收""亩均效益"导向,聚焦制造业等实体经济和主特产业定位,提升园区经济发展主阵地作用。

表 3-2 株洲市科技创新能力评价结果

指标名称	科技创新能力		实力(60%)		效力(40%)	
	得分	排名	得分	排名	得分	排名
总得分	86.8	3↓	90.06	2	82.00	10↓
一、科技创新供给力	91.4	2	92.65	2	89.47	3↑
全社会研发(R&D)经费投入	91.8	2↑	95.07	2	86.80	6↑
全社会研发(R&D)人员投入	95.0	2↑	95.16	2↑	94.75	2↑
基础研究经费投入	81.0	5↓	80.30	5↓	81.96	11↓
地方财政科技投入	96.3	1↑	97.15	1	94.98	1↑
二、成果产出转化力	87.4	3↓	90.28	2	83.10	10↓
发明专利	91.3	2	92.72	2	89.27	2↓
高价值专利	91.3	2	92.20	2	89.87	2↓
技术市场	80.8	10↓	91.90	3↓	64.13	14↓
科技成果奖励	87.8	13↓	79.64	13↓	100.00	1↑
科研论文	93.7	5	92.24	4	95.94	5↑
三、平台载体驱动力	85.9	7↓	85.93	6↓	85.92	11↓
园区发展	88.1	7↓	86.89	6↑	90.00	7↓
研发平台与创新载体	85.9	4↑	85.85	2	85.87	12↓
园区覆盖率	83.9	8↓	85.18	9↑	82.00	4↓
四、产业经济贡献力	82.6	8↓	86.39	6↓	76.80	13↓
战略性新兴产业	92.2	4↓	97.83	1	83.70	10↓
高新技术产业	85.3	10↓	94.16	3	72.03	13↓
科技服务业	71.7	10↑	71.85	9	71.56	9↑
开放发展	81.0	10↓	86.13	5↓	73.38	14↓
绿色发展	72.2	12	71.85	12↑	72.69	12↓
园区绩效	95.4	2↑	98.76	1	90.40	2↑
五、创新主体竞争力	85.9	5↓	92.75	2	75.69	14↓
高新技术企业	83.0	11↓	96.11	2	63.38	14↓
科企、上市培育企业	83.1	11↓	90.68	2	71.71	14↓
规上工业企业研发	95.4	1↑	93.04	3↑	98.84	1↑
高校院所基础研究	89.2	6↑	87.60	6↑	91.70	4↓
研发税收优惠	82.2	10↓	91.28	2	68.49	14↓
创新创业参与	90.8	2↑	90.66	2	91.00	2↑

三、湘潭市

　　湘潭市锚定"三高四新"美好蓝图，大力实施产业强市"千百十"工程，创新活力持续激发，成功获批并深入建设国家创新型城市。积极融入省四大实验室建设，加速创建高能级创新平台，国家应用数学中心入选湖南省强化"三力"支撑标志性工程算法创新平台建设项目，韶峰数学应用研究院获批省级新型研发机构。实施湘潭市十大科技攻关与成果转化项目，突破航空航天用轻型铝导线制备等"卡脖子"技术，研发出三室真空镀膜装备、航空航天光电集成高速传输系统等一批填补国内空白的科技新产品。深入推进校地、产学研合作，开展共建产业学院、博士进园区等活动，成立了全球首个碳基芯片传感器公司。积极推进知识产权强市战略，成功获批国家知识产权强市建设示范城市、中国（湘潭）知识产权保护中心，挂牌全省首个知识产权服务业集聚区，湘潭高新区入选首批国家级知识产权强国建设试点园区。

　　湘潭市科技创新能力综合得分87.6，排名第2位，较上年度进位1名。如图3-5所示，"科技创新供给力"得分86.85，排名第3位，较上年度排名无变化；"成果产出转化力"得分90.43，排名第2位，较上年度进位1名；"平台载体驱动力"得分87.61，排名第4位，较上年度进位4名；"产业经济贡献力"得分89.22，排名第3位，较上年度排名无变

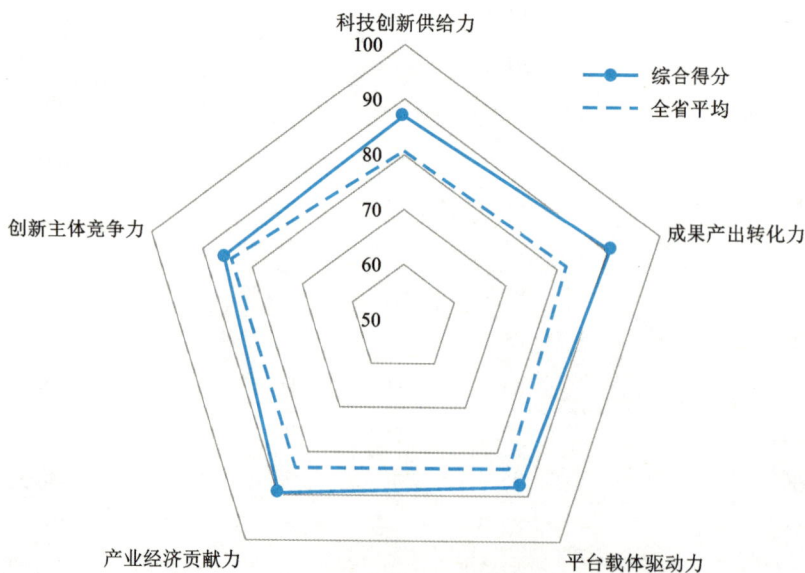

图3-5　湘潭市科技创新能力雷达图

化；"创新主体竞争力"得分85.23，排名第8位，较上年度进位1名。总体来看，湘潭市"成果产出转化力""科技创新供给力""产业经济贡献力"三个维度较全省平均水平均有较大领先优势；"平台载体驱动力"较全省平均水平具有一定优势；"创新主体竞争力"略高于全省平均水平。

湘潭市科技创新实力得分87.85，排名第3位，较上年度排名无变化。如图3-6所示，"科技创新供给实力"得分89.91，排名第3位，较上年度排名无变化；"成果产出转化实力"得分90.06，排名第3位，较上年度排名无变化；"平台载体驱动实力"得分88.47，排名第3位，较上年度退位1名；"产业经济贡献实力"得分87.30，排名第4位，较上年度进位1名；"创新主体竞争实力"得分84.55，排名第4位，较上年度进位3名。总体来看，湘潭市"科技创新供给实力""成果产出转化实力""平台载体驱动实力"三个维度较全省平均水平均有较大领先优势；"产业经济贡献实力"较全省平均水平具有一定优势；"创新主体竞争实力"略高于全省平均水平。

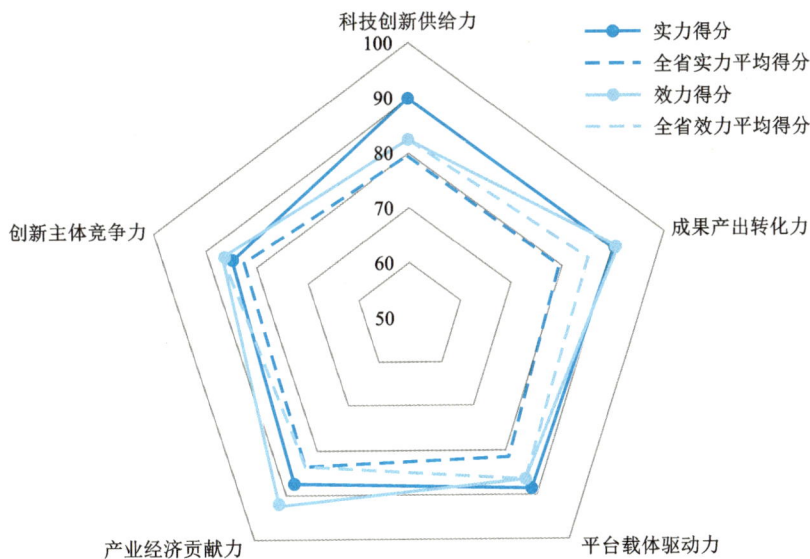

图3-6　湘潭市科技创新实力、效力雷达图

湘潭市科技创新效力得分87.15，排名第6位，较上年度进位1名。如图3-6所示，"科技创新供给效力"得分82.26，排名第8位，较上年度进位1名；"成果产出转化效力"得分90.98，排名第2位，较上年度排名无变化；"平台载体驱动效力"得分86.32，排名第10位，较上年度排名无变化；"产业经济贡献效力"得分92.11，排名第2位，较上年度退位1名；"创新主体竞争效力"得分86.26，排名第9位，较上年度排名无变化。总体来看，

湘潭市"产业经济贡献效力""成果产出转化效力"两个维度较全省平均水平有较大领先优势；"科技创新供给效力""创新主体竞争效力""平台载体驱动效力"三个维度与全省平均水平相当。

湘潭市在 2022 年度科技创新能力综合评价的 96 项实力、效力三级指标中，有 10 项指标排名第 1，有 10 项指标排名第 2，共计 71 项指标排名居全省前 7 位，其中有 53.52% 的指标为总量、占比等实力指标，包括"技术合同成交额占地区生产总值（GDP）的比重""高新技术产业增加值占地区生产总值（GDP）的比重""每万家企业中享受研发加计扣除企业数""地方财政科技支出占地方财政支出的比重"等。有 11 项指标排名居全省第 11~14 位，其中有 72.73% 的指标为增速、增量等效力指标，包括"规模以上工业企业有研发（R&D）活动的单位占比增量""地方财政科技支出增速""全社会研发（R&D）经费支出占地区生产总值（GDP）的比重增量""高新技术企业数量增速""技术合同成交额增速"等。

评价结果显示（表 3-3）：湘潭市在技术市场发展、战略性新兴产业培育、高新技术产业发展、高新技术企业培育、科技园区发展质效等方面表现突出；在研发平台与创新载体培育、开放发展、绿色发展等方面表现良好；在全社会研发经费投入强度提升、规模以上工业企业研发水平持续提升、创新创业活跃度等方面有待加强。

根据此次评价结果，建议湘潭市锚定"三高四新"美好蓝图，围绕长株潭国家自主创新示范区建设，深入实施创新驱动发展战略，全面建设高水平国家创新型城市，打造中部科创发展示范区、国家重要智能制造集聚区。深入对接湘江科学城，深度融入"4+4 科创工程"，推动湖南国家应用数学中心参与湘江实验室建设。深化财政科技经费分配使用机制改革，优化区域创新资源要素配置，推进研发投入提升行动计划，引导创新主体建立研发投入稳定增长机制，加大对项目研发自有资金投入、持续提升研发投入效能。充分发挥湘潭科教资源优势，支持高校、科研院所、优势领域重点企业联合创建国家级科技创新平台，合作共建新型研发机构。着力推进强链补链延链，进一步巩固提升汽车制造、精品钢材、军工等优势产业集群，支持湘钢等龙头企业提质升级，培育新的产业增长点，形成多点支撑、多业并举的产业发展新格局。推动科技企业孵化器、众创空间、星创天地等创新创业孵化载体提质增效，强化政策引导与精准扶持、培育优质创新创业服务平台、营造创新创业氛围，激发创新创业活力，为全省打造具有核心竞争力的科技创新高地贡献湘潭力量。

表 3-3　湘潭市科技创新能力评价结果

指标名称	科技创新能力		实力（60%）		效力（40%）	
	得分	排名	得分	排名	得分	排名
总得分	87.6	2↑	87.85	3	87.15	6↑
一、科技创新供给力	86.9	3	89.91	3	82.26	8↑
全社会研发（R&D）经费投入	82.8	10↓	90.19	3	71.73	11↓
全社会研发（R&D）人员投入	90.6	3↓	94.49	3↓	84.84	6↓
基础研究经费投入	87.7	3↑	84.63	3↑	92.18	3↓
地方财政科技投入	88.8	3↑	90.06	3	86.98	5↑
二、成果产出转化力	90.4	2↑	90.06	3	90.98	2
发明专利	87.7	3	89.56	3	84.95	3↓
高价值专利	85.1	3	86.07	3	83.54	3
技术市场	94.9	1	96.57	1↑	92.42	4
科技成果奖励	87.9	12↓	79.89	12↓	100.00	1↑
科研论文	94.1	3↓	92.39	3↓	96.55	4↓
三、平台载体驱动力	87.6	4↑	88.47	3↓	86.32	10
园区发展	90.6	5↑	91.39	4	89.32	8↑
研发平台与创新载体	85.6	5↑	84.43	4	87.25	10↓
园区覆盖率	90.8	4↑	97.67	1	80.54	7
四、产业经济贡献力	89.2	3	87.30	4↑	92.11	2↓
战略性新兴产业	96.6	1↑	95.14	2	98.87	1↑
高新技术产业	97.0	1	97.08	2	96.99	2
科技服务业	79.9	5↓	81.41	5	77.58	5↓
开放发展	85.8	7	78.29	8	97.10	6↓
绿色发展	80.7	9↓	76.25	11	87.32	3↑
园区绩效	95.5	1↑	96.02	3↑	94.78	1↑
五、创新主体竞争力	85.2	8↑	84.55	4↑	86.26	9
高新技术企业	92.6	2↑	95.24	3	88.65	9↑
科企、上市培育企业	89.1	7↓	88.10	6↓	90.68	9↓
规上工业企业研发	76.3	12↓	82.02	10↓	67.81	13↓
高校院所基础研究	92.6	3↓	95.77	1	87.80	8↓
研发税收优惠	92.1	2↑	89.32	3	96.22	10↑
创新创业参与	66.0	14	55.00	14	82.60	6↑

四、衡阳市

衡阳市着力实施创新驱动发展战略，省域副中心城市建设迈出坚实步伐，成功入围全国城市创新能力百强榜，排名第64位。大力发展"一核两电三色四新"十大主导产业，厚植产业优势，水口山铜铅锌产业集群入选省先进制造业集群，特变电工输变电产业总部、湖南高诺、云南锡业等头部企业落户衡阳。衡南工业集中区、祁东经济开发区成功获批转型省级高新区，衡阳国家高新区创业服务中心获批国家级科技企业孵化器，实现"零的突破"。新增国家级科技创新平台3家、省级科技创新平台20家，中国科学院地理所地理环境综合试验站（衡阳站）建设落地，潇湘科技要素大市场衡阳分市场揭牌。坚持人才强市首位战略，打造人才政策"升级版"，大力实施"万雁入衡"引才行动，创新引才模式，拓展引才渠道，引进博士近两百人、硕士千余人。

衡阳市科技创新能力综合得分86.6，排名第4位，较上年度排名无变化。如图3-7所示，"科技创新供给力"得分85.33，排名第4位，较上年度进位1名；"成果产出转化力"得分85.16，排名第4位，较上年度排名无变化；"平台载体驱动力"得分89.77，排名第2位，较上年度进位2名；"产业经济贡献力"得分85.09，排名第5位，较上年度进位4名；"创新主体竞争力"得分87.89，排名第2位，较上年度排名无变化。总体来看，衡阳市"平台载体驱动力"较全省平均水平有较大领先优势；"科技创新供给力""创新主体竞争力""成果产出转化力"三个维度与全省平均水平相比均具有一定优势；"产业经济贡献力"略高于全省平均水平。

衡阳市科技创新实力得分85.75，排名第4位，较上年度排名无变化。如图3-8所示，"科技创新供给实力"得分85.17，排名第4位，较上年度排名无变化；"成果产出转化实力"得分82.35，排名第4位，较上年度排名无变化；"平台载体驱动实力"得分86.33，排名第5位，较上年度进位1名；"产业经济贡献实力"得分86.63，排名第5位，较上年度进位1名；"创新主体竞争实力"得分87.33，排名第3位，较上年度排名无变化。总体来看，衡阳市"科技创新供给实力"较全省平均水平有较大领先优势；"创新主体竞争实力""平台载体驱动实力""产业经济贡献实力"三个维度与全省平均水平相比均具有一定优势；"成果产出转化实力"略高于全省平均水平。

衡阳市科技创新效力得分87.78，排名第2位，较上年度排名无变化。如图3-8所示，"科技创新供给效力"得分85.58，排名第6位，较上年度退位3名；"成果产出转化效力"得分89.37，排名第4位，较上年度进位2名；"平台载体驱动效力"得分94.92，排名第

科技创新供给力
100

90

80

70

60

50

创新主体竞争力

成果产出转化力

产业经济贡献力

平台载体驱动力

- ●— 综合得分
- - - 全省平均

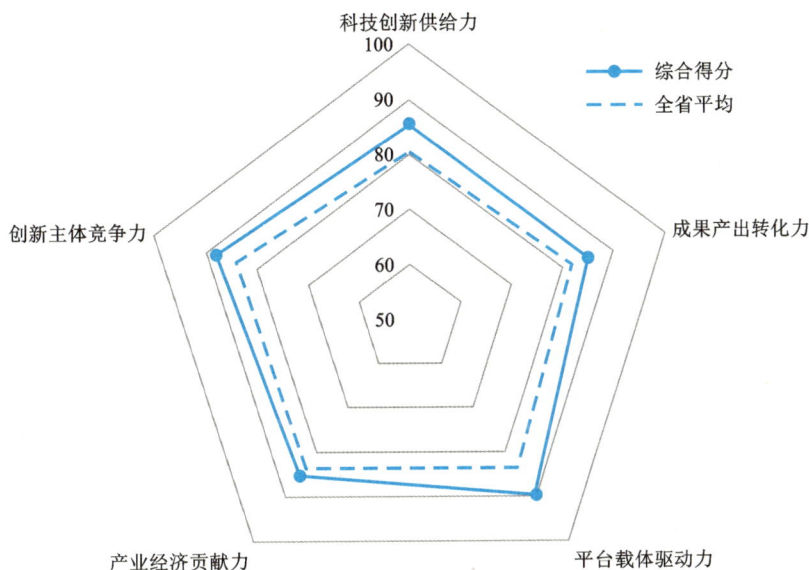

图 3-7　衡阳市科技创新能力雷达图

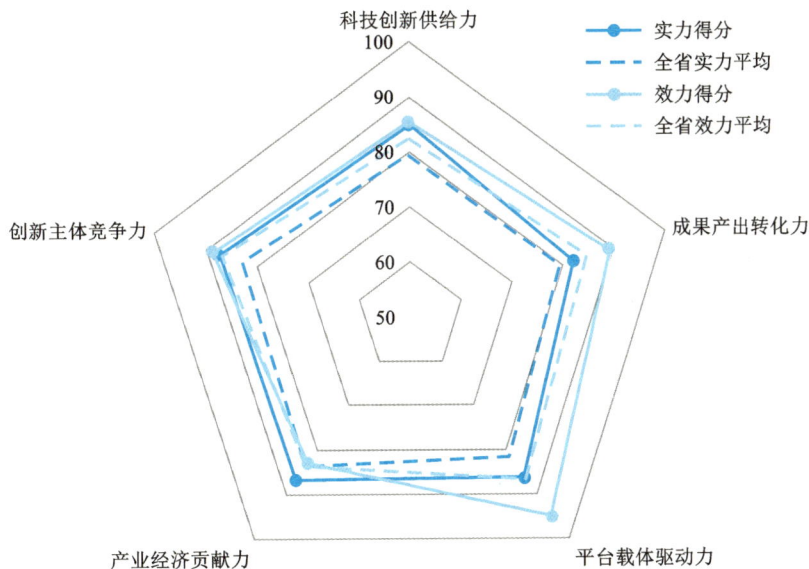

科技创新供给力
100

90

80

70

60

50

创新主体竞争力

成果产出转化力

产业经济贡献力

平台载体驱动力

- ●— 实力得分
- - - 全省实力平均
- ●— 效力得分
- - - 全省效力平均

图 3-8　衡阳市科技创新实力、效力雷达图

1 位,较上年度进位 2 名;"产业经济贡献效力"得分 82.78,排名第 8 位,较上年度进位 6 名;"创新主体竞争效力"得分 88.74,排名第 7 位,较上年度退位 5 名。总体来看,衡阳 市"平台载体驱动效力"较全省平均水平有较大领先优势;"成果产出转化效力""科技创新

供给效力"两个维度与全省平均水平相比具有一定优势;"创新主体竞争效力"略高于全省平均水平;"产业经济贡献效力"与全省平均水平相当。

衡阳市在2022年度科技创新能力综合评价的96项实力、效力三级指标中,有6项指标排名第1,有7项指标排名第2,共计67项指标排名居全省前7位,其中有55.22%的指标为总量、占比等实力指标,包括"省级及以上科技成果奖励当量""基础研究经费支出""基础研究经费占全社会研发(R&D)经费支出的比重""省级及以上创新载体数量""规模以上工业企业研发(R&D)经费占营业收入的比重"等。有16项指标排名居全省第11~14位,其中有75%的指标为增速、增量等效力指标,包括"创新创业大赛获奖数量增量""科研机构基础研究占研发(R&D)经费支出比重增量""规模以上工业企业研发(R&D)经费占营业收入的比重增量""省级及以上高新区生产总值占地区生产总值(GDP)的比重增量""高新技术产品出口额占货物出口总额的比重增量"等。

评价结果显示(表3-4):衡阳市在基础研究投入、技术市场活跃度、平台载体建设等方面表现突出;在科技创新供给、成果转移转化、科研产出等方面表现较好;在战略性新兴产业发展、高新技术产业快速发展、研发人员投入等方面有待加强。

根据此次评价结果,建议衡阳市锚定"三高四新"美好蓝图,以国家创新型城市建设为统揽,紧紧围绕全省现代化产业体系建设方向,立足衡阳优势和基础,加快建设富有衡阳特色的现代化产业体系。聚焦补链延链强链,积极发展核工业装备产业,壮大核技术应用、输变电装备等产业集群,强化产业基础配套,打造"中国电工城"。引导和支持新兴产业的发展,推进工业富联智造谷、蘑菇车联等在衡发展,抢占工业互联、智能网联、人工智能等战略性新兴产业制高点。运营好潇湘科技要素大市场衡阳分市场和县(市)区工作站,构建起覆盖技术研发、成果转化、产业应用全流程的科技服务体系,集聚创新要素资源,服务创新创业主体。推进科技型企业知识价值信用贷款风险补偿扩容改革工作,深入开展知识产权质押融资"入园惠企"行动,整合科技金融资源,形成聚合效应,推动科技和金融深度融合。持续推动"万雁入衡"引才行动,综合运用柔性引才、靶向引才、专家荐才等招才引智机制,加快释放人才团队落地产出效应;持续采用政校企合作引才机制,打通国内名校毕业生招聘通道,推动更多在衡高校毕业生留衡就业创业。

表 3-4　衡阳市科技创新能力评价结果

指标名称	科技创新能力		实力（60%）		效力（40%）	
	得分	排名	得分	排名	得分	排名
总得分	86.6	4	85.75	4	87.78	2
一、科技创新供给力	85.3	4↑	85.17	4	85.58	6↓
全社会研发（R&D）经费投入	86.3	6	86.68	6	85.80	8↓
全社会研发（R&D）人员投入	82.7	10↓	87.72	6↓	75.26	11↓
基础研究经费投入	90.3	2↑	88.28	2	93.20	1↑
地方财政科技投入	82.1	6↓	78.52	8↓	87.42	4↓
二、成果产出转化力	85.2	4	82.35	4	89.37	4↑
发明专利	77.8	5↑	78.10	5↑	77.39	5↑
高价值专利	75.5	6↑	73.91	7	77.80	6
技术市场	90.1	2↑	86.95	4↑	94.88	1↑
科技成果奖励	88.1	11↓	80.17	11↓	100.00	1↑
科研论文	93.8	4↓	92.65	2↑	95.58	9↓
三、平台载体驱动力	89.8	2↑	86.33	5↑	94.92	1↑
园区发展	93.7	3↑	91.39	4↑	97.25	2↑
研发平台与创新载体	90.3	2	84.78	3	98.56	1
园区覆盖率	84.2	7↓	85.92	8↑	81.66	5↓
四、产业经济贡献力	85.1	5↑	86.63	5↑	82.78	8↑
战略性新兴产业	82.3	13	82.93	12	81.37	12↓
高新技术产业	87.3	7↑	88.80	9	84.93	7↑
科技服务业	81.8	3↓	84.99	3	76.89	6↑
开放发展	88.7	6↑	85.48	7↓	93.63	12↑
绿色发展	84.2	7↑	85.02	8↓	82.85	7↑
园区绩效	86.0	8↓	92.40	7↓	76.29	12↓
五、创新主体竞争力	87.9	2	87.33	3	88.74	7↓
高新技术企业	91.8	3↓	88.56	5	96.57	1↑
科企、上市培育企业	91.3	3↓	88.88	5↓	94.91	4↓
规上工业企业研发	85.5	7↓	93.79	2↓	73.14	11↓
高校院所基础研究	83.8	9↓	85.69	8↓	80.88	12↓
研发税收优惠	88.2	3↑	82.80	4	96.34	9↓
创新创业参与	76.5	9↓	80.36	7↓	70.82	13↓

五、邵阳市

邵阳市全力推进"三大支撑八项重点"，大力实施创新驱动发展战略，区域科技创新能力不断增强，创新主体培育成效显著，产业竞争能力大幅提升。2022年，邵阳市入库科技型中小企业1262家，新增高新技术企业120家，培育国家专精特新"小巨人"企业9家、省专精特新中小企业99家，"高效G8.5+基板玻璃""高端海洋装备"等6个项目列入湖南省重大科技创新项目；科瑞生物"植物源胆固醇"项目获全国颠覆性技术创新大赛最高奖。"智丰众创空间"备案为国家级众创空间，印发《关于加快新型研发机构建设行动方案（2022—2025年)》，邵东智能制造研究院跻身国家中小企业公共服务示范平台。深入推进产业发展"千百十"工程，湖南邵虹基板玻璃项目顺利投产，九大新兴优势产业链企业总数达1635家，特色轻工产业集群产值突破1200亿元。

邵阳市科技创新能力综合得分82.3，排名第8位，较上年度进位1名。如图3-9所示，"科技创新供给力"得分79.78，排名第9位，较上年度进位1名；"成果产出转化力"得分79.87，排名第10位，较上年度进位2名；"平台载体驱动力"得分82.36，排名第11位，较上年度退位5名；"产业经济贡献力"得分83.40，排名第7位，较上年度进位4名；"创新主体竞争力"得分85.38，排名第6位，较上年度退位2名。总体来看，邵阳市"创新主体竞争力"略高于全省平均水平；"产业经济贡献力""科技创新供给力"两个维度均与全省平均水平相当；"平台载体驱动力""成果产出转化力"两个维度均略低于全省平均水平。

邵阳市科技创新实力得分78.70，排名第11位，较上年度进位1名。如图3-10所示，"科技创新供给实力"得分75.10，排名第11位，较上年度进位1名；"成果产出转化实力"得分76.55，排名第10位，较上年度进位2名；"平台载体驱动实力"得分79.56，排名第10位，较上年度退位1名；"产业经济贡献实力"得分81.05，排名第10位，较上年度进位1名；"创新主体竞争实力"得分81.21，排名第12位，较上年度退位2名。总体来看，邵阳市"创新主体竞争实力""平台载体驱动实力""产业经济贡献实力"三个维度均略低于全省平均水平；"成果产出转化实力""科技创新供给实力"两个维度均与全省平均水平有一定差距。

邵阳市科技创新效力得分87.70，排名第4位，较上年度退位1名。如图3-10所示，"科技创新供给效力"得分86.80，排名第4位，较上年度进位2名；"成果产出转化效力"得分84.85，排名第8位，较上年度进位2名；"平台载体驱动效力"得分86.56，排名第

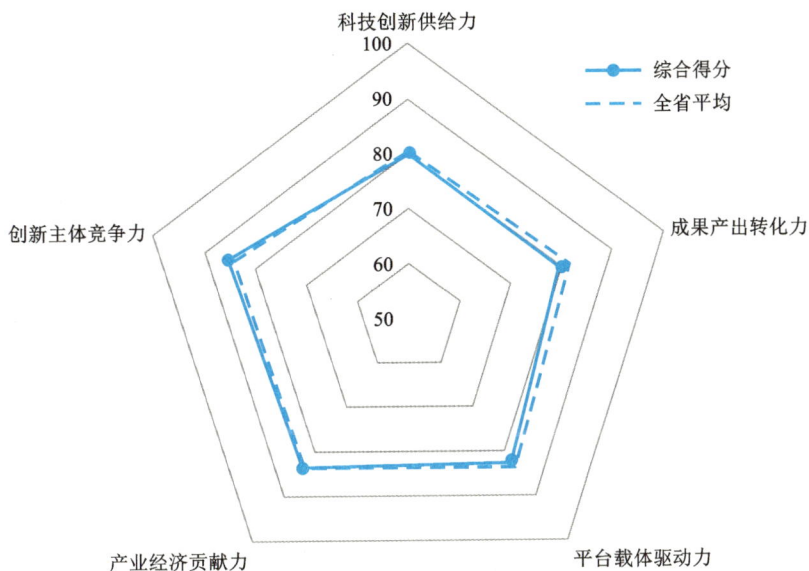

图 3-9　邵阳市科技创新能力雷达图

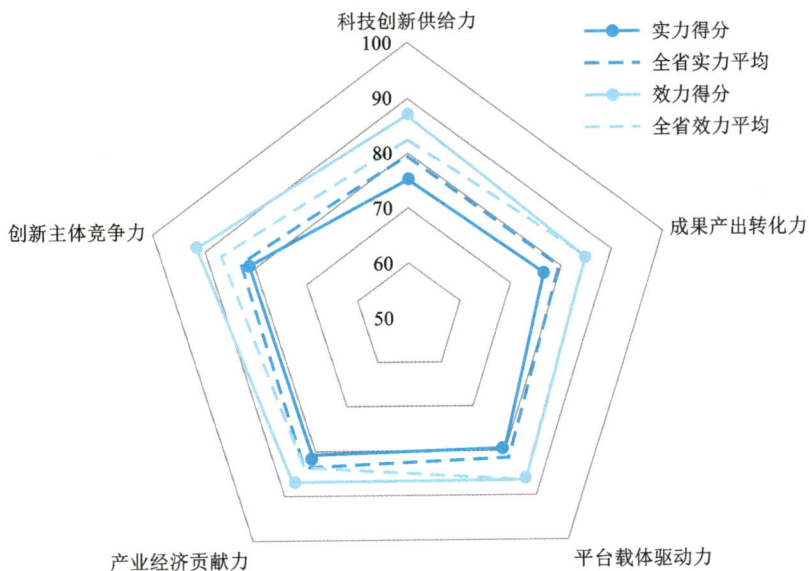

图 3-10　邵阳市科技创新实力、效力雷达图

9 位，较上年度退位 5 名；"产业经济贡献效力"得分 86.92，排名第 4 位，较上年度排名无变化；"创新主体竞争效力"得分 91.63，排名第 2 位，较上年度退位 1 名。总体来看，邵阳市"创新主体竞争效力"较全省平均水平有较大领先优势；"科技创新供给效力""产业经济贡献效力"两个维度均较全省平均水平具有一定优势；"平台载体驱动效力""成果产出转

化效力"两个维度与全省平均水平均相当。

邵阳市在 2022 年度科技创新能力综合评价的 96 项实力、效力三级指标中，有 10 项指标排名第 1，有 2 项指标排名第 2，共计 45 项指标排名居全省前 7 位，其中有 57.78% 的指标为增速、增量等效力指标，包括"全社会研发（R&D）经费支出增速""全社会研发（R&D）人员全时当量增速""有效发明专利拥有量增速"等。有 22 项指标排名居全省第 11～14 位，其中有 68.18% 的指标为总量、占比等实力指标，包括"高新技术产品出口额占货物出口总额的比重""每万人高价值发明专利拥有量""省级及以上高新区生产总值占地区生产总值（GDP）的比重""省级及以上高新区县市区覆盖率""每万人有效发明专利拥有量"等。

评价结果显示（表 3-5）：邵阳在研发投入增速、高新技术产业发展、园区发展质效等方面表现突出；在技术市场活跃度、科技型企业培育、绿色发展、高新技术产品出口等方面表现良好；在财政科技创新投入、知识产权规模和科研产出等方面有待加强。

根据此次评价结果，建议邵阳市聚焦打造"三个高地"，持续提升高质量发展水平，主动融入西部陆海新通道，积极对接粤港澳大湾区等国家重大区域战略，打造具有邵阳特色和优势的现代化产业体系。立足自身资源禀赋和产业基础，找准现代化产业体系主攻方向，注重产业之间融合联动，提升产业发展的科技含量，激发农产品加工、新型显示、智能家居等具有邵阳产业特色的民营经济创新发展。主动对接"4+4"科创工程，加快邵阳区域分中心、邵阳分院等建设，推动湖南特种玻璃研究院、先进制造技术研究院、邵东智能制造研究院等研发机构提档升级。健全科技投入稳定增长机制，落实全社会研发经费投入行动计划，推动全社会研发投入持续有力增长。着力提升企业科技创新能力、强化企业创新主体地位，推动规上企业与高新技术企业双向转化，扶持重点企业扩能提质升级。不断强化科技创新引导，运营好潇湘科技要素大市场邵阳分市场，促进产学研深度融合，加快科技成果落地转化。着力深化科技体制改革攻坚，营造创新创造良好环境，深入实施人才强市战略，持续激发科技创新活力，以科技创新推动经济社会高质量发展，为加快建设科技强省贡献力量。

表 3-5　邵阳市科技创新能力评价结果

指标名称	科技创新能力		实力（60%）		效力（40%）	
	得分	排名	得分	排名	得分	排名
总得分	82.3	8↑	78.70	11↑	87.70	4↓
一、科技创新供给力	79.8	9↑	75.10	11↑	86.80	4↑
全社会研发（R&D）经费投入	88.5	4	85.99	7	92.15	1↑
全社会研发（R&D）人员投入	89.2	5↑	86.82	8↑	92.74	3
基础研究经费投入	67.6	10↑	57.58	12↑	82.66	10↑
地方财政科技投入	69.8	10↑	64.48	12↑	77.86	10↓
二、成果产出转化力	79.9	10↑	76.55	10↑	84.85	8↑
发明专利	71.5	10↑	67.92	12↑	76.78	7↑
高价值专利	68.7	10↑	64.44	12↑	74.98	8↑
技术市场	85.9	7↑	81.59	8↑	92.37	5↑
科技成果奖励	89.0	7↑	81.61	7↑	100.00	1↑
科研论文	82.5	13↓	88.43	11	73.61	13↓
三、平台载体驱动力	82.4	11↓	79.56	10↓	86.56	9↓
园区发展	86.1	9↓	86.72	7↓	85.20	13↓
研发平台与创新载体	82.7	8↓	78.70	7	88.64	8↓
园区覆盖率	77.7	11↓	75.01	12	81.66	5↓
四、产业经济贡献力	83.4	7↑	81.05	10↑	86.92	4
战略性新兴产业	91.0	5↓	91.39	7	90.39	5↓
高新技术产业	94.3	2↑	91.23	7	98.81	1↑
科技服务业	70.1	11↓	69.75	10	70.49	10↓
开放发展	74.7	13	60.23	13	96.36	8
绿色发展	83.3	8↑	85.77	6↓	79.66	9↑
园区绩效	83.5	10↑	82.96	12↑	84.30	4↓
五、创新主体竞争力	85.4	6↓	81.21	12↓	91.63	2↓
高新技术企业	86.9	6↓	82.62	9↓	93.42	3↓
科企、上市培育企业	90.8	4↑	87.48	7	95.67	3↑
规上工业企业研发	88.8	3↑	88.25	6↓	89.74	4↓
高校院所基础研究	88.0	7↑	85.89	7↑	91.15	5↑
研发税收优惠	84.9	8	76.18	11	97.87	4↓
创新创业参与	70.3	11↓	65.92	11↓	76.94	9↓

六、岳阳市

　　岳阳市建设科技强市，以高质量的科技供给支撑引领岳阳经济社会高质量发展。出台《岳阳市动力支撑建设国家创新型城市实施方案（2022—2025年）》、加大全社会研发经费投入行动计划、科技十条等文件，推动科技创新能力不断提升。加快融入省"四大重点实验室"体系建设，岳麓山种业创新中心洞庭湖区域中心、湘江实验室区域创新中心、岳麓山工业创新中心节点实验室（洞庭实验室）正式落户，构建高水平创新平台。以产业转型促进新旧动能转换，打造产业集群主引擎，加快七大千亿产业和"12+1"优势产业链发展，新增规模工业企业160余家。筑牢产业园区主阵地，提升省级高新区绩效，临港高新区绩效综合评价居全省第二，岳阳高新区实际使用外资居全省省级园区第一，绿色化工高新区亩均税收稳居全省第一，获评国家新型工业化产业示范基地。

　　岳阳市科技创新能力综合得分86.4，排名第5位，较上年度排名无变化。如图3-11所示，"科技创新供给力"得分82.95，排名第6位，较上年度退位2名；"成果产出转化力"得分83.57，排名第6位，较上年度退位1名；"平台载体驱动力"得分90.74，排名第1位，较上年度进位1名；"产业经济贡献力"得分90.09，排名第2位，较上年度退位1名；"创新主体竞争力"得分86.08，排名第4位，较上年度进位4名。总体来看，岳阳市"平台载体驱动力""产业经济贡献力"两个维度较全省平均水平均有较大领先优势；"科技创新供给力""创新主体竞争力""成果产出转化力"三个维度均略高于全省平均水平。

　　岳阳市科技创新实力得分85.66，排名第5位，较上年度排名无变化。如图3-12所示，"科技创新供给实力"得分84.02，排名第5位，较上年度排名无变化；"成果产出转化实力"得分81.07，排名第6位，较上年度进位1名；"平台载体驱动实力"得分88.78，排名第2位，较上年度进位1名；"产业经济贡献实力"得分91.74，排名第2位，较上年度排名无变化；"创新主体竞争实力"得分83.31，排名第6位，较上年度进位5名。总体来看，岳阳市"产业经济贡献实力""平台载体驱动实力"两个维度较全省平均水平均有较大领先优势；"科技创新供给实力"较全省平均水平具有一定优势；"成果产出转化实力"略高于全省平均水平；"创新主体竞争实力"与全省平均水平相当。

　　岳阳市科技创新效力得分87.56，排名第5位，较上年度退位4名。如图3-12所示，"科技创新供给效力"得分81.35，排名第10位，较上年度退位8名；"成果产出转化效力"得分87.31，排名第7位，较上年度退位2名；"平台载体驱动效力"得分93.68，排名第3位，较上年度退位1名；"产业经济贡献效力"得分87.61，排名第3位，较上年度退位

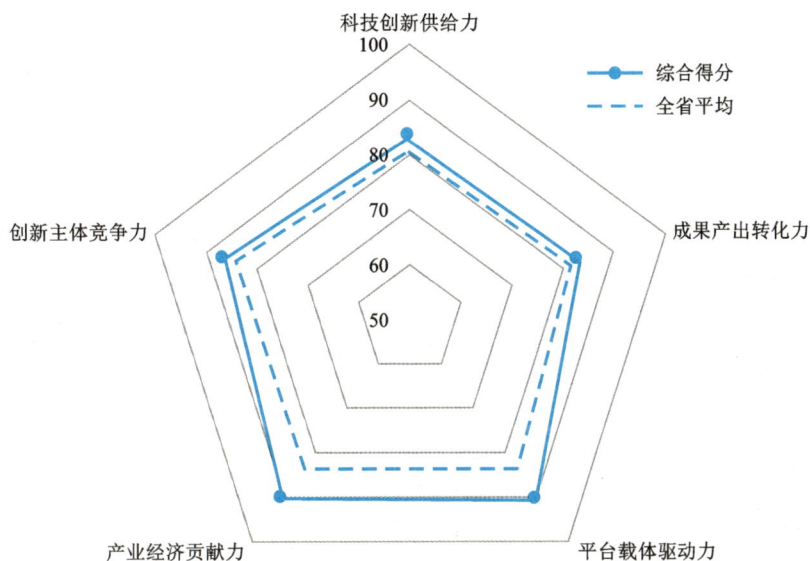

图 3-11 岳阳市科技创新能力雷达图

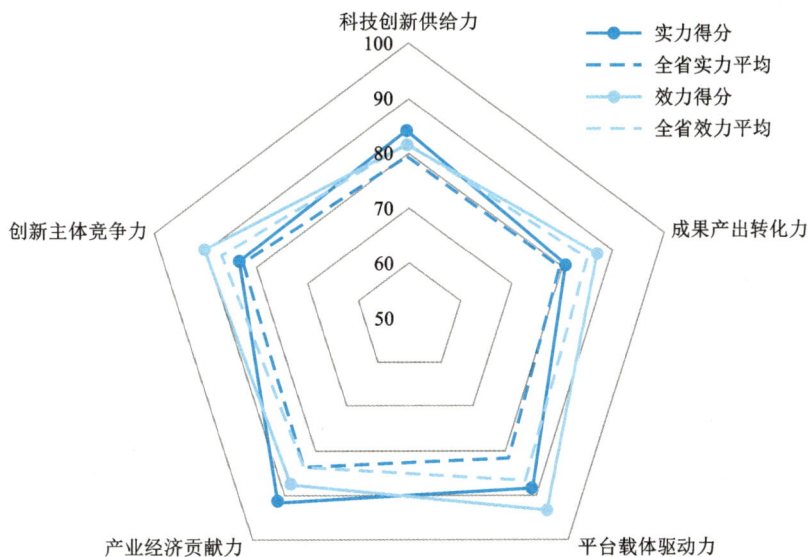

图 3-12 岳阳市科技创新实力、效力雷达图

1 名;"创新主体竞争效力"得分 90.22,排名第 6 位,较上年度退位 1 名。总体来看,岳阳市"平台载体驱动效力"较全省平均水平有较大领先优势;"产业经济贡献效力""创新主体竞争效力"两个维度较全省平均水平均具有一定优势;"成果产出转化效力"略高于全省平

均水平；"科技创新供给效力"与全省平均水平相当。

岳阳市在 2022 年度科技创新能力综合评价的 96 项实力、效力三级指标中，有 10 项指标排名第 1，有 9 项指标排名第 2，共计 68 项指标排名居全省前 7 位，其中有 55.88% 的指标为总量、占比等实力指标，包括"省级及以上科技园区数量""省级及以上科技园区占园区比重""省级及以上高新区县市区覆盖率""高新技术产品出口额占货物出口总额的比重"等。有 10 项指标排名居全省第 11~14 位，其中有 70% 的指标为增速、增量等效力指标，包括"科技服务业产业增加值增速""省级及以上科技园区占园区比重增量""规模以上工业企业研发（R&D）经费占营业收入的比重增量""有效发明专利拥有量增速""地方财政科技支出占地方财政支出的比重增量"等。

评价结果显示（表 3-6）：岳阳市在园区发展质效、研发平台与创新载体、战略性新兴产业发展、开放和绿色发展、科技型中小企业以及上市企业培育等方面表现突出；在全社会研发经费投入、科技服务业、研发税收政策环境等方面表现良好；在研发人员投入、地方财政科技投入、规模以上企业研发投入等方面有待加强。

根据此次评价结果，建议岳阳市锚定"三高四新"美好蓝图，以创建国家创新型城市为抓手，把握省域副中心城市定位，坚持创新引领高质量发展。立足现有产业特色和优势，明确聚焦发展方向和功能定位，着力构建"1+3+X"现代化产业体系，做大做强现代石化产业，加大技术改造和高附加值终端产品开发力度，不断提升经济价值，着力打造中部地区最大石化产业基地。强化企业科技创新主体地位，持续加大财政科技投入，采取"揭榜挂帅"等方式引导企业实施一批重大技术攻关项目，着力破解产业链卡点断点堵点。优化园区规划和产业空间布局，深化园区体制机制改革，做好产业提质升级，持续推进岳阳农科园、临港高新区创建国家级科技园区。加快洞庭实验室、湘江实验室区域创新中心、岳麓山种业创新中心洞庭湖区域中心建设，全力创建国家热塑性弹性体技术创新中心，积极争取创建一批省级技术创新中心、重点实验室、工程技术研究中心和新型研发机构。系统升级"巴陵人才工程"，大力推进"岳阳人才新政 45 条"实施，做好科技人才引育工作，持续培育激励一批优秀科技创新群体，形成优秀人才团队效应，打造巴陵人才高地。

表 3-6　岳阳市科技创新能力评价结果

指标名称	科技创新能力		实力（60%）		效力（40%）	
	得分	排名	得分	排名	得分	排名
总得分	86.4	5	85.66	5	87.56	5↓
一、科技创新供给力	83.0	6↓	84.02	5	81.35	10↓
全社会研发（R&D）经费投入	87.4	5↓	89.27	4	84.48	9↓
全社会研发（R&D）人员投入	84.7	8↓	88.61	5↓	78.77	9↓
基础研究经费投入	77.0	6↑	72.71	6	83.33	8↑
地方财政科技投入	80.2	8↓	82.03	5↓	77.46	11↓
二、成果产出转化力	83.6	6↓	81.07	6↑	87.31	7↓
发明专利	74.8	7	77.58	7↓	70.55	10↓
高价值专利	74.9	7↓	74.33	6↓	75.68	7
技术市场	87.6	4	84.27	6↓	92.46	3↓
科技成果奖励	88.2	10↑	80.38	10↑	100.00	1↑
科研论文	92.3	7↑	89.44	8↑	96.62	3↑
三、平台载体驱动力	90.7	1↑	88.78	2↑	93.68	3↓
园区发展	94.6	2	100.00	1	86.61	12↓
研发平台与创新载体	87.2	3↑	82.32	6	94.43	3↑
园区覆盖率	97.6	1	96.97	2	98.54	1
四、产业经济贡献力	90.1	2↓	91.74	2	87.61	3↓
战略性新兴产业	95.1	2	94.69	3	95.65	2↓
高新技术产业	91.2	4↓	93.71	4	87.40	6↓
科技服务业	79.1	6	86.64	2	67.73	13
开放发展	94.8	2↑	92.43	2↑	98.42	2↑
绿色发展	87.1	3↑	87.00	5↑	87.22	4↑
园区绩效	93.9	3↓	96.88	2	89.42	3
五、创新主体竞争力	86.1	4↑	83.31	6↑	90.22	6↓
高新技术企业	86.4	7↑	85.15	7↓	88.38	10↓
科企、上市培育企业	92.0	2↑	89.28	4↑	95.98	2↑
规上工业企业研发	82.3	10↓	82.35	9	82.31	8↓
高校院所基础研究	75.8	13	69.39	13	85.44	10↑
研发税收优惠	87.7	5↑	81.34	5↑	97.31	6↑
创新创业参与	77.6	7↑	72.63	9↑	85.15	5↑

七、常德市

常德市扎实推进"六大专项行动",出台《常德市创新平台建设和科技成果转化实施方案》《常德市"十四五"加大全社会研发经费投入行动计划实施细则》《常德市动力支撑能力提升行动方案(2022—2025年)》等文件,重点开展创新平台建设、科技成果转化、研发投入提升等科技创新工作,加快建设区域创新高地。持续优化孵化育成体系建设,临澧、津市科技企业孵化器获批国家级科技企业孵化器,"德创工坊"成功认定国家级众创空间,省级科技企业孵化器1家、众创空间5家。不断强化产学研合作,主动对接西安交大、中开院、中南大学等省内外高校,引导高水平科技创新成果落地转化;着力推动企业和高校、科研院所协同开展产业共性技术攻关,建设了液压油缸、智能材料与传感等一批产业共性技术难题研发平台。首批开展知识价值信用贷风险补偿改革,建立实际入池资金3500万元,惠及科技型企业百余家。

常德市科技创新能力综合得分84.4,排名第6位,较上年度排名无变化。如图3-13所示,"科技创新供给力"得分81.82,排名第7位,较上年度进位4名;"成果产出转化力"得分85.15,排名第5位,较上年度进位5名;"平台载体驱动力"得分88.79,排名第3位,较上年度退位2名;"产业经济贡献力"得分80.69,排名第12位,较上年度退位4名;"创新主体竞争力"得分86.78,排名第3位,较上年度进位2名。总体来看,常德市"平台载体驱动力"较全省平均水平有较大领先优势;"成果产出转化力"较全省平均水平具有一定优势;"创新主体竞争力""科技创新供给力"两个维度均略高于全省平均水平;"产业经济贡献力"略低于全省平均水平。

常德市科技创新实力得分82.12,排名第6位,较上年度排名无变化。如图3-14所示,"科技创新供给实力"得分78.99,排名第7位,较上年度进位3名;"成果产出转化实力"得分82.25,排名第5位,较上年度排名无变化;"平台载体驱动实力"得分87.35,排名第4位,较上年度排名无变化;"产业经济贡献实力"得分79.28,排名第12位,较上年度退位3名;"创新主体竞争实力"得分84.31,排名第5位,较上年度进位1名。常德市"平台载体驱动实力"较全省平均水平有较大领先优势;"成果产出转化实力""创新主体竞争实力"两个维度均略高于全省平均水平;"科技创新供给实力"与全省平均水平相当;"产业经济贡献实力"与全省平均水平有一定差距。

常德市科技创新效力得分87.77,排名第3位,较上年度进位2名。如图3-14所示,"科技创新供给效力"得分86.06,排名第5位,较上年度进位7名;"成果产出转化效力"

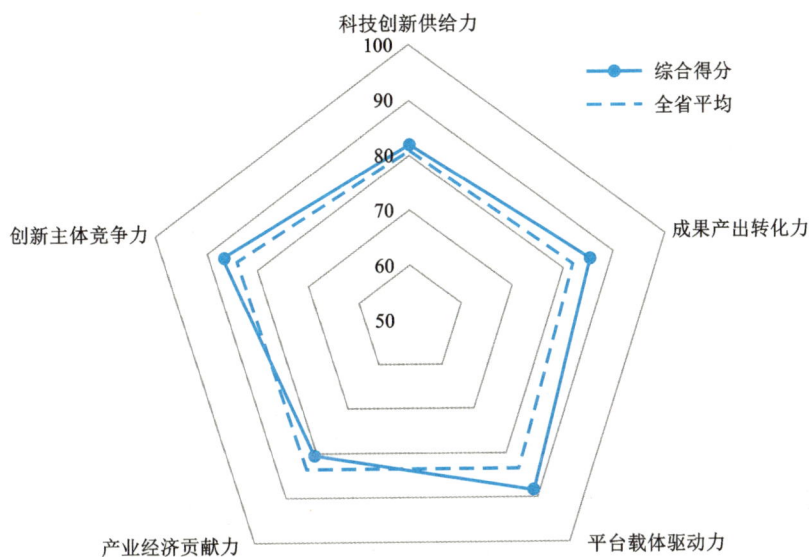

图 3-13　常德市科技创新能力雷达图

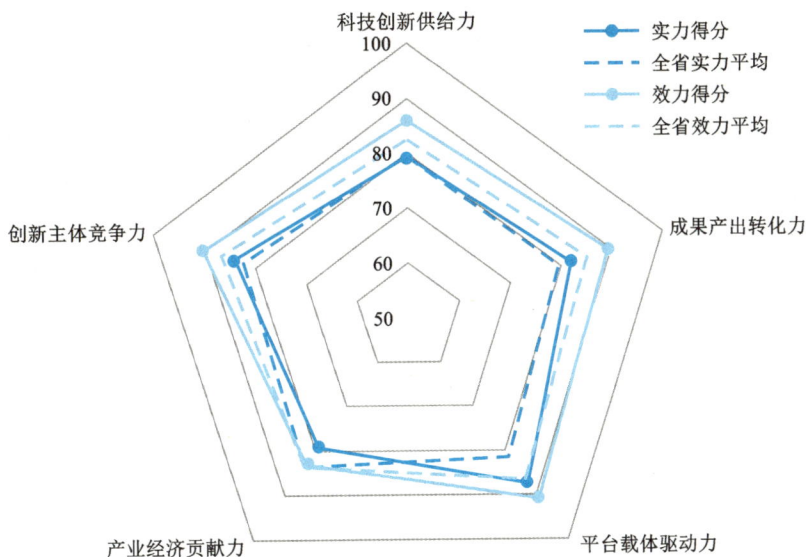

图 3-14　常德市科技创新实力、效力雷达图

得分 89.51，排名第 3 位，较上年度进位 9 名；"平台载体驱动效力"得分 90.95，排名第 5 位，较上年度退位 4 名；"产业经济贡献效力"得分 82.80，排名第 7 位，较上年度进位 1 名；"创新主体竞争效力"得分 90.48，排名第 4 位，较上年度退位 1 名。常德市"成果产出转化效力""平台载体驱动效力""创新主体竞争效力""科技创新供给效力"四个维度较全省平均水平均具有一定优势；"产业经济贡献效力"与全省平均水平相当。

　　常德市在 2022 年度科技创新能力综合评价的 96 项实力、效力三级指标中，有 7 项指标排名第 1，有 6 项指标排名第 2，共计 64 项指标排名居全省前 7 位，其中有 53.13% 的指标为增速、增量等效力指标，包括"高价值发明专利拥有量增速""省级及以上科技成果奖励当量增量""每万研发人员中省级及以上科技成果奖励当量增量""省级及以上高新区县市区覆盖率增量""环境质量指数增量"等。有 16 项指标排名居全省第 11~14 位，其中有 56.25% 的指标为总量、占比等实力指标，包括"环境质量指数""万元地区生产总值能耗下降率""科研机构基础研究占研发（R&D）经费支出比重""每万家企业法人中高新技术企业数""高新技术产业增加值占地区生产总值（GDP）的比重"等。

　　评价结果显示（表 3-7）：常德市在园区发展质效、上市企业培育、创新创业服务、技术市场活跃度、开放发展等方面表现突出；在高水平技术成果产出、科技服务业发展等方面表现良好；在绿色发展、研发经费投入强度与科研产出、科技型企业创新主体贡献、省级研发及孵化平台建设等方面有待提升。

　　根据此次评价结果，建议常德市持续深化创新驱动发展战略，对标"4×4"现代化产业体系建设要求，加快推进"多点支撑、多业发展"的产业格局，推进先进装备制造、生物医药、新材料等产业关键核心技术攻关，提升产业竞争力；重点开展合成生物产业培育工作，强化产业发展规划，搭建技术研发、公共技术服务和创业孵化平台，夯实产业发展基础。持续深化创新主体培育工作，强化财政科技投入引导作用，加大对科技型企业技术创新和专业化发展的支持力度，支持研发"专精特新"产品，引导科技型企业逐步提高研发投入比例。持续深化产学研合作，对接省内外高校、科研院所等科技创新资源，建设一批新型研发机构，引进一批高水平科技创新人才和成果。积极深化科技成果转化体系建设，推动企业技术需求和高校院所科技成果的精准匹配；围绕重点产业发展需要，建设一批中试基地、应用示范场景，着力转化科技创新成果，优化科技创新服务。充分发挥地区科技园区创新产业发展主阵地作用，大力推进园区管理体制机制改革，强化"亩均效益"导向，提升园区发展质效，支撑地区经济社会高质量发展。

表 3-7 常德市科技创新能力评价结果

指标名称	科技创新能力		实力（60%）		效力（40%）	
	得分	排名	得分	排名	得分	排名
总得分	84.4	6	82.12	6	87.77	3 ↑
一、科技创新供给力	81.8	7 ↑	78.99	7 ↑	86.06	5 ↑
全社会研发（R&D）经费投入	84.6	9 ↑	83.27	9 ↑	86.65	7 ↑
全社会研发（R&D）人员投入	88.1	6 ↑	87.63	7 ↑	88.67	5 ↑
基础研究经费投入	75.9	7 ↑	67.38	7 ↑	88.57	5 ↑
地方财政科技投入	77.7	9 ↑	75.37	9 ↑	81.15	9 ↑
二、成果产出转化力	85.2	5 ↑	82.25	5	89.51	3 ↑
发明专利	81.9	4	81.11	4	83.12	4
高价值专利	77.6	4 ↑	75.52	5 ↑	80.67	4 ↑
技术市场	87.6	3 ↑	85.21	5 ↑	91.25	6 ↑
科技成果奖励	88.9	9	81.50	9	100.00	1 ↑
科研论文	91.7	8 ↓	89.11	9 ↓	95.63	7 ↓
三、平台载体驱动力	88.8	3 ↓	87.35	4	90.95	5 ↓
园区发展	94.7	1	95.66	2	93.25	4 ↓
研发平台与创新载体	85.0	6 ↓	82.69	5	88.42	9 ↓
园区覆盖率	94.3	2	93.03	4	96.27	3 ↓
四、产业经济贡献力	80.7	12 ↓	79.28	12 ↓	82.80	7 ↑
战略性新兴产业	88.0	8 ↓	85.89	10	91.10	4 ↑
高新技术产业	85.0	11	85.34	12	84.37	8
科技服务业	80.2	4	79.60	6	81.18	4 ↓
开放发展	90.2	5 ↑	85.61	6 ↑	96.98	7 ↑
绿色发展	64.0	14 ↓	55.00	14 ↓	77.50	10 ↑
园区绩效	81.0	12 ↓	90.31	9	66.94	13 ↓
五、创新主体竞争力	86.8	3 ↑	84.31	5 ↑	90.48	4 ↓
高新技术企业	83.7	10 ↓	81.39	12 ↓	87.05	11 ↓
科企、上市培育企业	90.2	5 ↓	89.43	3	91.32	8 ↓
规上工业企业研发	87.3	6 ↑	85.49	7 ↑	89.99	3 ↑
高校院所基础研究	81.9	10 ↑	78.36	12 ↓	87.29	9 ↑
研发税收优惠	86.0	7 ↓	79.28	9 ↓	96.18	11 ↓
创新创业参与	87.6	3 ↑	85.43	3 ↑	90.76	3 ↑

八、张家界市

张家界市围绕加快世界一流旅游目的地建设目标，大力推进"科技+旅游"，为张家界旅游发展提供强有力的科技支撑。2022年全市科技创新投入大幅提升，安排市级资金1130万元，增长197.3%，争取中央、省科技专项资金5995.5万元，增长241.9%。围绕重点企业发展的关键核心技术难题，面向全国招才解难，实施产学研结合创新"揭榜挂帅"项目；与院士专家团队签约特色农产品科研合作项目27个。积极开展科技创新主体培育工作，不断优化完善孵化平台建设，张家界飞帆众创空间备案为国家级众创空间，入库科技型中小企业304家。着力打造旅游千亿产业和植物提取、农副产品加工等百亿产业，张家界莓茶、慈利杜仲、桑植白茶、武陵源葛根等品牌影响持续扩大。

张家界市科技创新能力综合得分68.4，排名第14位，较上年度排名无变化。如图3-15所示，"科技创新供给力"得分62.60，"成果产出转化力"得分69.06，"平台载体驱动力"得分66.17，"产业经济贡献力"得分68.50，四个维度均排名第14位，均较上年度排名无变化；"创新主体竞争力"得分75.12，排名第13位，较上年度进位1名。总体来看，张家界市"创新主体竞争力""成果产出转化力""产业经济贡献力""平台载体驱动力""科技创新供给力"五个维度较全省平均水平差距均较为明显。

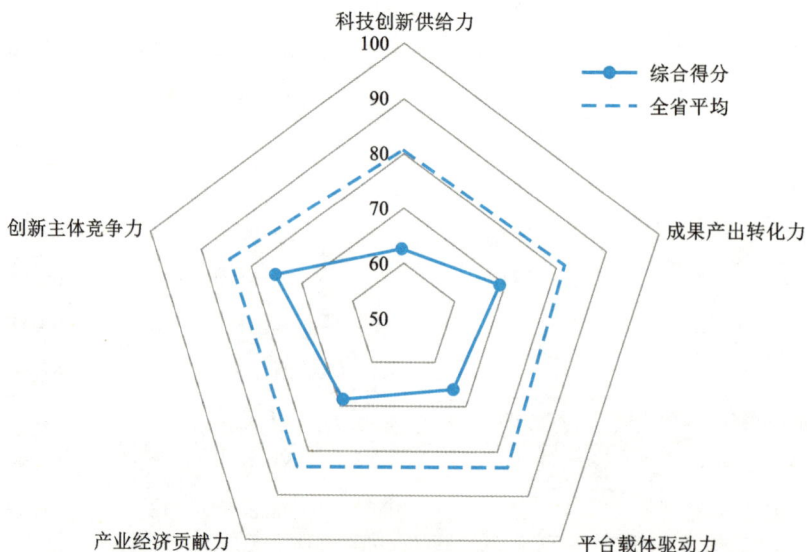

图3-15　张家界市科技创新能力雷达图

张家界市科技创新实力得分 62.44，排名第 14 位，较上年度排名无变化。如图 3-16 所示，"科技创新供给实力"得分 56.27，"成果产出转化实力"得分 63.36，"平台载体驱动实力"得分 65.88，"产业经济贡献实力"得分 64.54，"创新主体竞争实力"得分 64.31，五个维度排名第 14 位，均较上年度排名无变化。总体来看，张家界市"平台载体驱动实力""成果产出转化实力""创新主体竞争实力""产业经济贡献实力""科技创新供给实力"五个维度较全省平均水平差距均较为明显。

张家界市科技创新效力得分 77.38，排名第 14 位，较上年度排名无变化。如图 3-16 所示，"科技创新供给效力"得分 72.09，排名第 13 位，较上年度排名无变化；"成果产出转化效力"得分 77.62，排名第 14 位，较上年度退位 1 名；"平台载体驱动效力"得分 66.62，排名第 14 位，较上年度退位 2 名；"产业经济贡献效力"得分 74.43，排名第 14 位，较上年度退位 7 名；"创新主体竞争效力"得分 91.34，排名第 3 位，较上年度进位 7 名。总体来看，张家界市"创新主体竞争效力"较全省平均水平具有一定优势；"成果产出转化效力""产业经济贡献效力""科技创新供给效力""平台载体驱动效力"四个维度较全省平均水平差距均较为明显。

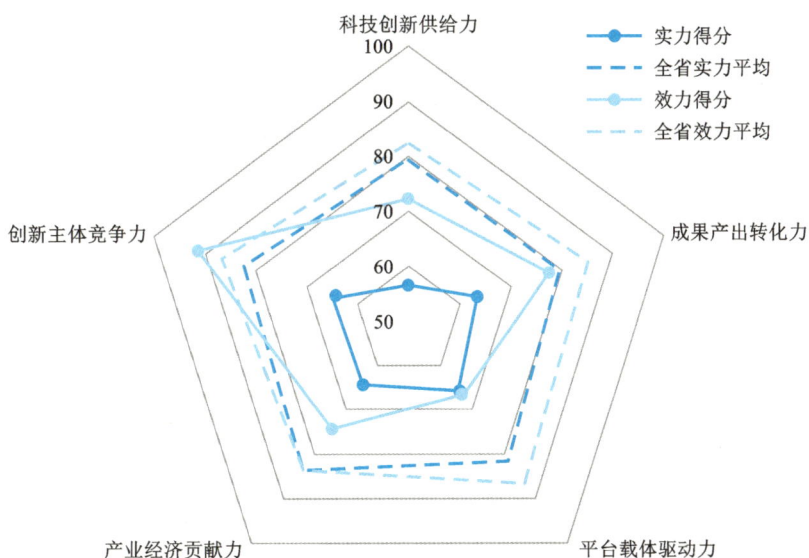

图 3-16　张家界市科技创新实力、效力雷达图

张家界市在 2022 年度科技创新能力综合评价的 96 项实力、效力三级指标中，有 6 项指标排名第 1，有 3 项指标排名第 2，共计 25 项指标排名居全省前 7 位，其中有 76.00% 的指标为增速、增量等效力指标，包括"科技服务业产业增加值增速""省上市后备企业数量

增速""地方财政科技支出增速""规模以上工业企业有研发(R&D)活动的单位占比增量"等。有 55 项指标排名居全省第 11～14 位,其中有 65.45% 的指标为总量、占比等实力指标,包括"全社会研发(R&D)经费支出""每万家企业中享受研发加计扣除企业数""地方财政科技支出""技术合同成交额""有效发明专利拥有量""企业研发加计扣除减免税额""科技型中小企业数量""每万家企业法人中高新技术企业数"等。

评价结果显示(表 3-8):张家界市在上市后备企业培育、财政科技支出增长、科技服务业发展等方面表现突出;在创新创业发展、绿色发展、开放发展、园区质效提升等方面表现良好;在研发投入、知识产权、技术市场活跃度、科技企业培育等方面有待加强。

根据此次评价结果,建议张家界市围绕构建全域旅游发展格局,聚焦世界一流旅游目的地建设,坚持旅游促转型、工业强基础,以现代化产业体系建设推动经济高质量发展。充分发挥财政资金撬动作用,优化创新投入模式,鼓励支持企业持续开展技术攻关、产业应用、产品升级,引导全社会加大研发经费投入快速提升。深度梳理本地产业资源,通过省市联动,创新项目研发的组织模式,加强重大项目选题凝练,采取揭榜挂帅等形式破解生物资源提取加工等产业技术难点,带动产业强链补链延链发展。坚持以升促建,积极推进国家高新区创建,支持园区建设科技企业孵化器、众创空间、星创天地等创新创业平台,推动省级企业技术中心升级为国家级平台。积极承接发达地区劳动密集型产业转移,主动融入湘南湘西承接产业转移示范区建设。积极对接我省科技赋能文化产业创新"科技创新高地标志性工程"建设,运用现代科技推动旅游升级,搭建智慧旅游服务平台、创新旅游文创产品、推动旅游产业数字化、开展科普研学活动,依靠科学普及丰富旅游内涵,将张家界打造成"科技+旅游"融合的示范样板。

表 3-8　张家界市科技创新能力评价结果

指标名称	科技创新能力		实力（60%）		效力（40%）	
	得分	排名	得分	排名	得分	排名
总得分	68.4	14	62.44	14	77.38	14
一、科技创新供给力	62.6	14	56.27	14	72.09	13
全社会研发（R&D）经费投入	60.4	14	55.00	14	68.40	13
全社会研发（R&D）人员投入	60.1	14	55.00	14	67.78	13 ↑
基础研究经费投入	64.6	13 ↓	60.11	10 ↑	71.20	12 ↓
地方财政科技投入	66.2	12 ↑	55.98	14	81.41	8 ↓
二、成果产出转化力	69.1	14	63.36	14	77.62	14 ↓
发明专利	58.7	14	55.00	14	64.18	13
高价值专利	60.3	13	55.36	14	67.79	13 ↓
技术市场	68.2	14	59.35	14	81.36	10 ↑
科技成果奖励	100.0	1 ↑	100.00	1 ↑	100.00	1 ↑
科研论文	62.2	14	55.00	14 ↓	73.01	14
三、平台载体驱动力	66.2	14	65.88	14	66.62	14 ↓
园区发展	82.1	12 ↑	78.45	13	87.57	9 ↓
研发平台与创新载体	55.0	14	55.00	14	55.00	14 ↓
园区覆盖率	83.8	9 ↑	85.93	7 ↑	80.54	7
四、产业经济贡献力	68.5	14	64.54	14	74.43	14 ↓
战略性新兴产业	55.0	14	55.00	14	55.00	14
高新技术产业	58.3	14	55.00	14	63.34	14 ↓
科技服务业	72.6	9 ↓	64.51	11	84.82	3 ↓
开放发展	80.9	11 ↓	70.06	11 ↓	97.11	5 ↓
绿色发展	84.9	5	84.28	9 ↓	85.83	6 ↑
园区绩效	57.2	14	55.00	14	60.38	14 ↓
五、创新主体竞争力	75.1	13 ↑	64.31	14	91.34	3 ↑
高新技术企业	70.2	14	55.00	14	92.92	4 ↑
科企、上市培育企业	74.6	13	62.78	14	92.36	6 ↓
规上工业企业研发	83.0	8 ↑	79.41	12 ↑	88.45	5 ↑
高校院所基础研究	71.6	14	60.81	14	87.84	7 ↑
研发税收优惠	72.5	14	55.00	14	98.70	1 ↑
创新创业参与	80.6	5 ↓	79.71	8 ↓	81.99	8 ↓

九、益阳市

益阳市锚定"三高四新"美好蓝图，将科技创新作为引领高质量发展的动力支撑，深入推进"产业强市"和产业发展"千百十"工程，科技创新与产业创新加速融合。加快实施"东接东融"战略，精准对接长株潭高端装备制造、生物医药、工程机械等工业新兴优势产业链，打造先进制造业产业集群，沅江船舶、安化黑茶、桃江竹木、高新区先进碳基材料入选省级产业集群。积极开展高水平创新平台建设，主动对接省"四大实验室"，成立省农科院益阳分院、岳麓山种业创新中心益阳分中心；新增1家国家级科技企业孵化器、32家省级科技创新平台、33家省市级专家工作站。不断壮大科技型企业群体，激活技术合同交易市场，新认定高新技术企业172家、科技型中小企业875家，增长148%；技术合同登记数达2567项，增速738%，排名全省第一。

益阳市科技创新能力综合得分82.5，排名第7位，较上年度进位1名。如图3-17所示，"科技创新供给力"得分79.90，排名第8位，较上年度排名无变化；"成果产出转化力"得分83.53，排名第7位，较上年度排名无变化；"平台载体驱动力"得分86.36，排名第6位，较上年度进位1名；"产业经济贡献力"得分80.88，排名第11位，较上年度退位4名；"创新主体竞争力"得分83.58，排名第11位，较上年度退位5名。总体来看，益阳市"平台载体驱动力""成果产出转化力"两个维度均略高于全省平均水平；"创新主体竞争力""科技创新供给力"两个维度均与全省平均水平相当；"产业经济贡献力"略低于全省平均水平。

益阳市科技创新实力得分81.05，排名第7位，较上年度进位1名。如图3-18所示，"科技创新供给实力"得分78.52，排名第8位，较上年度排名无变化；"成果产出转化实力"得分80.58，排名第7位，较上年度退位1名；"平台载体驱动实力"得分81.46，排名第7位，较上年度排名无变化；"产业经济贡献实力"得分81.52，排名第9位，较上年度退位1名；"创新主体竞争实力"得分83.24，排名第7位，较上年度进位2名。总体来看，益阳市"成果产出转化实力""创新主体竞争实力""平台载体驱动实力""科技创新供给实力"四个维度均与全省平均水平相当；"产业经济贡献实力"略低于全省平均水平。

益阳市科技创新效力得分84.74，排名第9位，较上年度退位5名。如图3-18所示，"科技创新供给效力"得分81.96，排名第9位，较上年度进位1名；"成果产出转化效力"得分87.94，排名第5位，较上年度进位3名；"平台载体驱动效力"得分93.71，排名第2位，较上年度进位3名；"产业经济贡献效力"得分79.91，排名第11位，较上年度退位

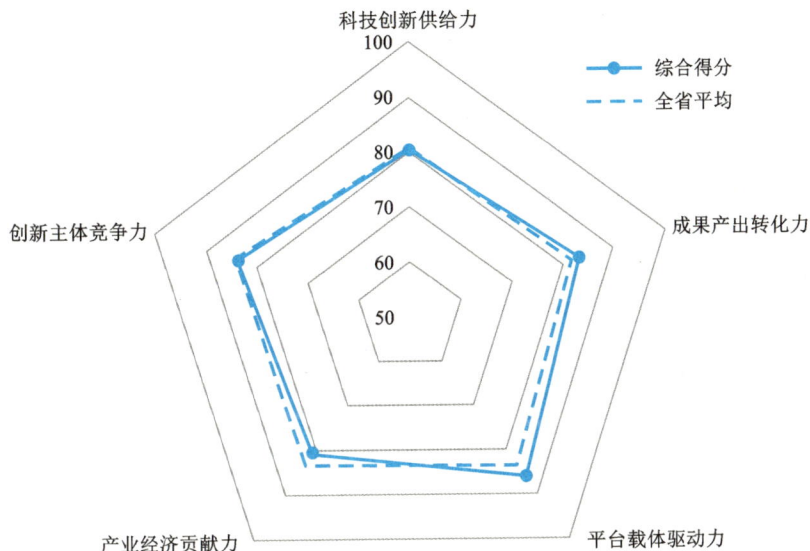

图 3-17　益阳市科技创新能力雷达图

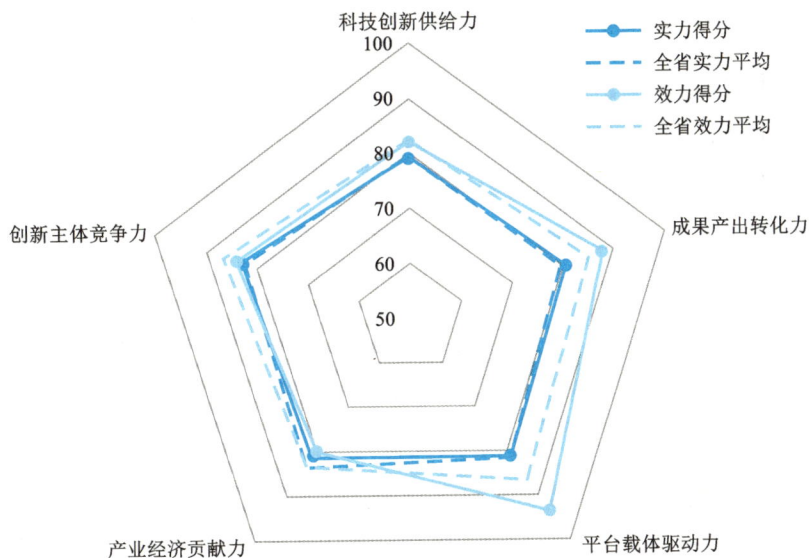

图 3-18　益阳市科技创新实力、效力雷达图

5 名；"创新主体竞争效力"得分 84.10，排名第 11 位，较上年度退位 7 名。总体来看，益阳市"平台载体驱动效力"较全省平均水平有较大领先优势；"成果产出转化效力"略高于全省平均水平；"科技创新供给效力"与全省平均水平相当；"创新主体竞争效力"略低于全省平均水平；"产业经济贡献效力"与全省平均水平有一定差距。

　　益阳市在 2022 年度科技创新能力综合评价的 96 项实力、效力三级指标中，有 6 项指标排名第 1，有 5 项指标排名第 2，共计 49 项指标排名居全省前 7 位，其中有 53.06% 的指标为增速、增量等效力指标，包括"省级及以上科技园区数量增速""高新技术产品出口额占货物出口总额的比重增量""省级及以上科技园区占园区比重增量"等。有 21 项指标排名居全省第 11~14 位，其中有 61.90% 的指标为增速、增量等效力指标，包括"创新创业大赛获奖金额增量""科技服务业产业增加值占地区生产总值（GDP）的比重增量""创新创业大赛获奖数量增量""规模以上工业企业有研发（R&D）活动的单位占比增量""省上市后备企业数量增速"等。

　　评价结果显示（表 3-9）：益阳市在科技型中小企业培育发展，科技园区发展质效等方面表现突出；在高企培育发展、高质量专利产出和专利密度、创新平台载体建设等方面表现良好；在科技服务业产业发展、规模工业企业研发投入、绿色发展等方面有待加强。

　　根据此次评价结果，建议益阳市坚定不移实施创新驱动发展战略，推动高质量发展，主动对接长株潭自主创新示范区、长沙全球研发中心城市建设，加快推进区域科技协同创新。围绕全省"4×4"现代化产业体系，找准细分产业方向，推动建材等传统产业转型升级，培育壮大数字经济、装备制造、新材料、新能源、医养健康五大千亿级新兴产业集群。健全财政科技投入稳定增长机制，落实企业研发财政奖补资金、研发费用加计扣除等惠企政策，对规模以上工业企业新增研发投入提升奖补力度。积极对接省"四大实验室"、岳麓山种业创新中心等省重大科技创新平台建设，鼓励和支持高校、科研院所、企业积极创建一批省级创新平台。进一步深化产学研融合发展，优化产学研服务机制，引进省内外高校、科研院所创新资源，合作共建一批新型研发机构，助力重大科技创新成果和人才团队落户益阳。加大高层次科技人才培引，落实人才新政 25 条，研究出台重点领域的特殊人才政策和柔性引才实施办法。坚持以升促建，支持南县经开区创建省级高新区，落实"五好"园区"1+3"政策体系，坚持"亩均效益""人均税收"导向，提升高新区创新发展质效。

表 3-9 益阳市科技创新能力评价结果

指标名称	科技创新能力		实力（60%）		效力（40%）	
	得分	排名	得分	排名	得分	排名
总得分	82.5	7↑	81.05	7↑	84.74	9↓
一、科技创新供给力	79.9	8	78.52	8	81.96	9↑
全社会研发（R&D）经费投入	79.3	11	82.49	10	74.57	10
全社会研发（R&D）人员投入	82.6	11↓	85.93	9↓	77.54	10↑
基础研究经费投入	72.8	8↑	64.06	8↑	85.89	7↓
地方财政科技投入	84.2	5↑	78.60	7↑	92.69	2↑
二、成果产出转化力	83.5	7	80.58	7↓	87.94	5↑
发明专利	76.6	6↓	77.69	6	74.90	9↓
高价值专利	77.1	5↓	75.64	4	79.33	5↓
技术市场	84.6	9	80.57	9↑	90.53	8↓
科技成果奖励	89.5	5	82.53	5	100.00	1↑
科研论文	92.6	6↑	90.54	5↑	95.63	6↑
三、平台载体驱动力	86.4	6↑	81.46	7	93.71	2↑
园区发展	89.4	6↑	83.55	11↑	98.20	1↑
研发平台与创新载体	82.8	7↑	77.20	9↓	91.12	6↑
园区覆盖率	94.1	3↑	92.14	5↑	96.97	2↑
四、产业经济贡献力	80.9	11↓	81.52	9↓	79.91	11↓
战略性新兴产业	88.2	7↑	88.61	9	87.52	9
高新技术产业	90.1	5↓	91.85	5	87.50	5
科技服务业	58.4	14	60.55	14	55.10	14↓
开放发展	92.1	3↑	88.35	3↑	97.73	3↑
绿色发展	69.3	13↓	67.32	13↓	72.36	13↓
园区绩效	87.9	6↑	93.71	5	79.24	8↑
五、创新主体竞争力	83.6	11↓	83.24	7↑	84.10	11↓
高新技术企业	90.0	4↑	87.18	6↑	94.31	2↑
科企、上市培育企业	86.7	9↓	86.41	8	87.18	11↓
规上工业企业研发	73.2	13↓	72.14	13↓	74.87	10↓
高校院所基础研究	91.1	5↑	89.40	5↑	93.64	1↑
研发税收优惠	87.0	6↑	80.33	7↑	96.88	8↓
创新创业参与	72.4	10↓	84.07	4↓	55.00	14↓

十、郴州市

郴州市以国家可持续发展议程创新示范区建设统揽高质量发展，深入贯彻新发展理念，实施示范区建设首个三年行动任务，全面构建"水立方"郴州模式，创新动能明显增强，科技创新工作获省政府真抓实干督查激励表彰。聚焦关键技术攻关，助推产业转型，积极完善产学研创新体系建设，与中南大学、湖南科技大学等多所高校开展市校合作、局校合作，柔性引进高校优秀知名团队，围绕郴州产业发展和企业技术需求共同开展协同技术创新；数字经济总量首破千亿，郴州高新区技工贸总收入超千亿，成功创建千亿园区。加大创新主体培育，新增国家高新技术企业126家，入库科技型中小企业912家。加快郴州高新区公共服务等"3+2"中试基地建设，推动有色金属等产业创新成果转化落地。资兴国家创新型城市建设通过科技部验收，桂阳、宜章获评全国科普示范县。

郴州市科技创新能力综合得分82.2，排名第10位，较上年度排名无变化。如图3-19所示，"科技创新供给力"得分84.52，排名第5位，较上年度进位1名；"成果产出转化力"得分75.40，排名第12位，较上年度退位3名；"平台载体驱动力"得分77.79，排名第13位，较上年度排名无变化；"产业经济贡献力"得分85.54，排名第4位，较上年度进位1名；"创新主体竞争力"得分84.00，排名第9位，较上年度进位1名。总体来看，郴州市"科技创新供给力"较全省平均水平具有一定优势；"产业经济贡献力"略高于全省平均水平；"创新主体竞争力"与全省平均水平相当；"平台载体驱动力""成果产出转化力"两个维度较全省平均水平差距均较为明显。

郴州市科技创新实力得分79.88，排名第9位，较上年度排名无变化。如图3-20所示，"科技创新供给实力"得分80.77，排名第6位，较上年度排名无变化；"成果产出转化实力"得分73.76，排名第12位，较上年度退位4名；"平台载体驱动实力"得分68.68，排名第13位，较上年度排名无变化；"产业经济贡献实力"得分89.37，排名第3位，较上年度进位1名；"创新主体竞争实力"得分81.80，排名第11位，较上年度退位3名。总体来看，郴州市"产业经济贡献实力"较全省平均水平有较大领先优势；"科技创新供给实力"略高于全省平均水平；"创新主体竞争实力"与全省平均水平相当；"成果产出转化实力""平台载体驱动实力"两个维度较全省平均水平差距均较为明显。

郴州市科技创新效力得分85.71，排名第8位，较上年度进位2名。如图3-20所示，"科技创新供给效力"得分90.14，排名第2位，较上年度退位1名；"成果产出转化效力"得分77.85，排名第12位，较上年度退位3名；"平台载体驱动效力"得分91.44，排名第

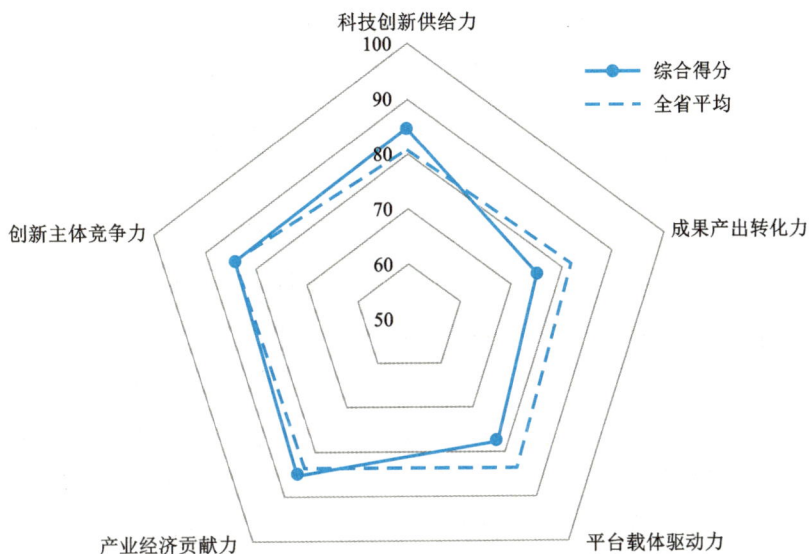

图 3-19　郴州市科技创新能力雷达图

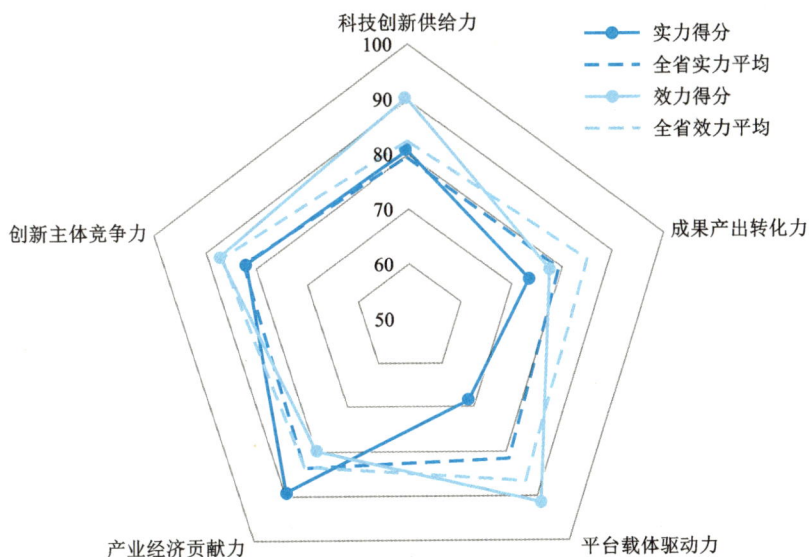

图 3-20　郴州市科技创新实力、效力雷达图

4 位，较上年度进位 10 名；"产业经济贡献效力"得分 79.80，排名第 12 位，较上年度退位 2 名；"创新主体竞争效力"得分 87.30，排名第 8 位，较上年度排名无变化。总体来看，郴州市"科技创新供给效力"较全省平均水平有较大领先优势；"平台载体驱动效力"较全省

平均水平具有一定优势；"创新主体竞争效力"与全省平均水平相当；"产业经济贡献效力"与全省平均水平有一定差距；"成果产出转化效力"较全省平均水平差距较为明显。

郴州市在2022年度科技创新能力综合评价的96项实力、效力三级指标中，有5项指标排名第1，有5项指标排名第2，共计47项指标排名居全省前7位，其中有55.32%的指标为增速、增量等效力指标，包括"每万研发人员中省级及以上科技成果奖励当量增量""高新技术产业增加值增速""全社会研发（R&D）经费支出增速""全社会研发（R&D）人员全时当量增速"等。有24项指标排名居全省第11~14位，其中有54.17%的指标为增速、增量等效力指标，包括"企业研发加计扣除减免税额增速""环境质量指数增量""技术合同成交额占地区生产总值（GDP）的比重增量""高新技术产业增加值占地区生产总值（GDP）的比重增量""战略性新兴产业增加值占地区生产总值（GDP）的比重增量"等。

评价结果显示（表3-10）：郴州市在全社会和规模以上企业研发投入、地方财政科技投入、开放合作发展、科技园区发展质效、高新技术企业培育等方面表现突出；在战略性新兴产业、高新技术产业、科技服务业、科技型中小企业及上市企业培育等方面表现良好；在发明专利产出增长、技术市场活跃度、企业享受研发税收优惠政策等方面有待加强。

根据此次评价结果，建议郴州市锚定"三高四新"美好蓝图，奋力推进郴州"国家可持续发展议程创新示范区"建设，以新担当新作为谋新篇开新局。围绕"1221"现代化产业体系布局，实施科技企业上市培育计划，加大科技企业"入规""登高"协同力度，打造"科技服务超市"，构建高新技术企业梯次成长培育体系，培育一批重点产业"链主企业"。进一步优化科技产业园区产业规划，深化园区体制改革，做大做强主导产业和特色产业，提升园区发展质效。加大高水平科技创新平台建设支持力度，高质量建设郴江实验室等一批创新平台，推动产业链、创新链、资金链、人才链、价值链高效联动、深度融合，加快突破产业技术瓶颈，取得高质量科技成果。持续深化产学研合作，全面深化与中南大学、湘潭大学等省内外高校、科研院所的合作力度，以"揭榜挂帅"等形式开展关键核心技术联合攻关；推进"异地研发+本地孵化"的产学研合作模式，打造"3+3"成果转化中试基地"郴州样板"，推动重大科技成果转化和产业化。精准对接企业需求，落实落细研发费用加计扣除等科技创新政策，加快推进科技型企业知识价值信用贷款风险补偿改革，助力企业创新发展。

表 3-10　郴州市科技创新能力评价结果

指标名称	科技创新能力		实力（60%）		效力（40%）	
	得分	排名	得分	排名	得分	排名
总得分	82.2	10	79.88	9	85.71	8↑
一、科技创新供给力	84.5	5↑	80.77	6	90.14	2↓
全社会研发（R&D）经费投入	88.9	3↓	87.86	5	90.44	3↓
全社会研发（R&D）人员投入	90.0	4↑	88.89	4↑	91.60	4↓
基础研究经费投入	69.2	9↑	57.19	13↑	87.31	6↑
地方财政科技投入	86.3	4↑	83.20	4↑	90.83	3↑
二、成果产出转化力	75.4	12↓	73.76	12↓	77.85	12↓
发明专利	70.2	11↓	72.62	8	66.45	12
高价值专利	71.1	9↑	72.05	8	69.55	12↓
技术市场	69.1	13↓	67.31	12↓	71.68	13↓
科技成果奖励	89.0	8↑	81.59	8↑	100.00	1↑
科研论文	90.0	12↓	86.44	13↓	95.40	11↓
三、平台载体驱动力	77.8	13	68.68	13	91.44	4↑
园区发展	75.0	13↑	64.21	14	91.17	5↑
研发平台与创新载体	81.2	11↑	71.84	13↓	95.17	2↑
园区覆盖率	70.4	14	63.68	14	80.54	7
四、产业经济贡献力	85.5	4↑	89.37	3↑	79.80	12↓
战略性新兴产业	87.9	9↑	93.51	5↓	79.51	13
高新技术产业	86.9	8↑	91.42	6	80.10	10↓
科技服务业	77.2	7↓	78.54	7	75.28	7↓
开放发展	91.6	4	87.86	4	97.20	4↓
绿色发展	80.6	10↓	89.59	2	67.00	14↓
园区绩效	90.3	4↑	94.56	4↓	83.84	5↑
五、创新主体竞争力	84.0	9↑	81.80	11↓	87.30	8
高新技术企业	87.0	5↑	83.74	8↑	91.96	7↑
科企、上市培育企业	90.1	6↑	85.89	9	96.36	1↑
规上工业企业研发	88.5	4↓	89.96	5↓	86.24	6↓
高校院所基础研究	83.9	8↓	84.58	9↓	82.86	11↓
研发税收优惠	77.0	13↓	78.78	10↓	74.28	13
创新创业参与	70.3	11↓	65.92	11↓	76.94	9↓

十一、永州市

永州市锚定"三高四新"美好蓝图，依托湘南湘西承接产业转移示范区集聚创新资源，以"一核引领、两轴支撑、三圈协同、四区辐射、多点发展"为思路，不断推动城市科技创新能力提升，永州市、江华高新区获省政府 2022 年度科技创新工作真抓实干成效明显地区表彰奖励。围绕五大传统优势产业和三大新兴产业，大力实施制造业高质量发展"六大工程"，持续开展关键核心技术攻关，获批省以上科技计划项目 7 项，实施十大科技创新项目，突破关键技术 16 项。鼓励和支持高校、科研院所和企业积极创建科技创新平台，新建省级以上科技创新平台 8 家、科创飞地 5 家、新备案 1 家国家科技企业孵化器。零陵区产业开发区成功升级为省级高新区，不断优化科技创新环境，出台《永州市加大全社会研发经费投入行动计划（2022—2025 年）》，首次联合设立省市自然科学基金，首次承办湖南省创新创业大赛高端装备制造产业半决赛。

永州市科技创新能力综合得分 80.9，排名第 11 位，较上年度退位 4 名。如图 3-21 所示，"科技创新供给力"得分 74.81，排名第 12 位，较上年度退位 5 名；"成果产出转化力"得分 80.14，排名第 9 位，较上年度退位 1 名；"平台载体驱动力"得分 82.99，排名第 9 位，较上年度排名无变化；"产业经济贡献力"得分 83.79，排名第 6 位，较上年度排名无变化；"创新主体竞争力"得分 83.67，排名第 10 位，较上年度退位 3 名。总体来看，永州市"产业经济贡献力""创新主体竞争力""平台载体驱动力"三个维度均与全省平均水平相当；"成果产出转化力"略低于全省平均水平；"科技创新供给力"较全省平均水平差距较为明显。

永州市科技创新实力得分 80.15，排名第 8 位，较上年度退位 1 名。如图 3-22 所示，"科技创新供给实力"得分 76.67，排名第 9 位，较上年度退位 2 名；"成果产出转化实力"得分 77.01，排名第 9 位，较上年度排名无变化；"平台载体驱动实力"得分 80.52，排名第 9 位，较上年度进位 1 名；"产业经济贡献实力"得分 84.30，排名第 7 位，较上年度排名无变化；"创新主体竞争实力"得分 81.97，排名第 9 位，较上年度退位 5 名。总体来看，永州市"产业经济贡献实力""创新主体竞争实力"两个维度均与全省平均水平相当；"平台载体驱动实力""成果产出转化实力""科技创新供给实力"三个维度均略低于全省平均水平。

永州市科技创新效力得分 81.89，排名第 11 位，较上年度退位 5 名。如图 3-22 所示，"科技创新供给效力"得分 72.01，排名第 14 位，较上年度退位 9 名；"成果产出转化效力"得分 84.83，排名第 9 位，较上年度退位 2 名；"平台载体驱动效力"得分 86.68，排名第

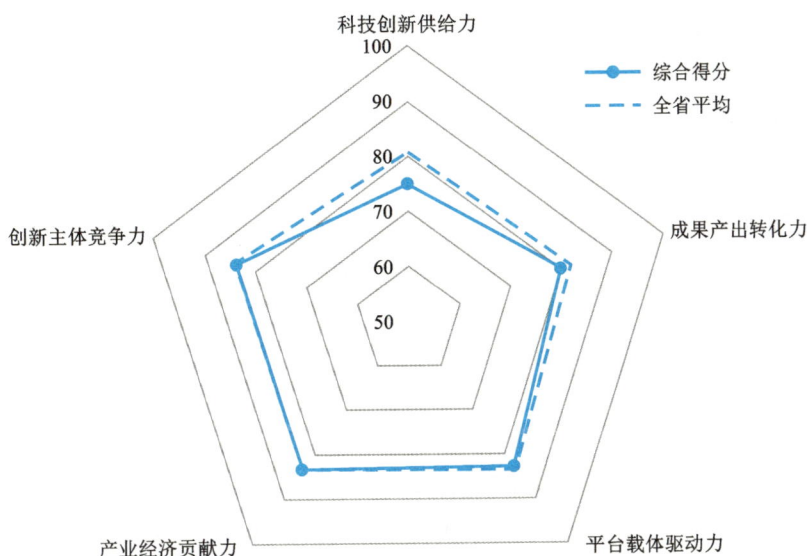

图 3-21　永州市科技创新能力雷达图

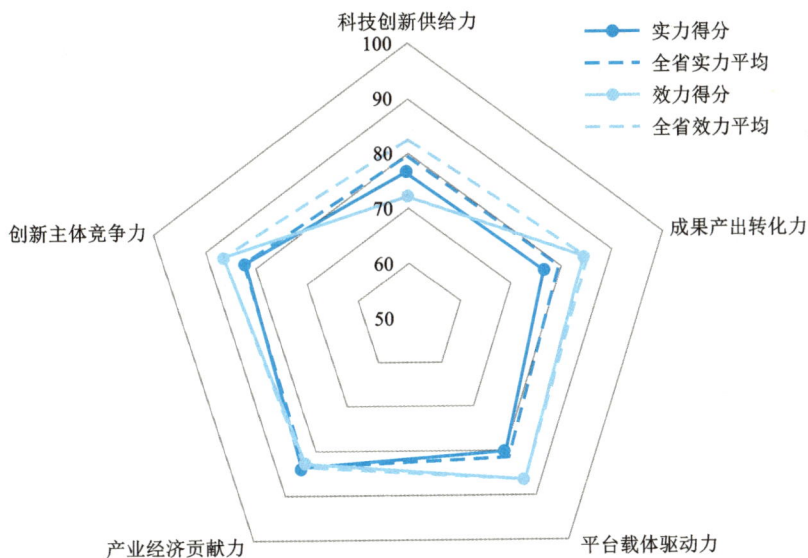

图 3-22　永州市科技创新实力、效力雷达图

8 位，较上年度退位 2 名；"产业经济贡献效力"得分 83.02，排名第 6 位，较上年度进位 3 名；"创新主体竞争效力"得分 86.24，排名第 10 位，较上年度退位 4 名。总体来看，永州市"平台载体驱动效力""成果产出转化效力""产业经济贡献效力""创新主体竞争效力"四个维度均与全省平均水平相当；"科技创新供给效力"较全省平均水平差距较为明显。

永州市在 2022 年度科技创新能力综合评价的 96 项实力、效力三级指标中，有 4 项指标排名第 1，有 3 项指标排名第 2，共计 33 项指标排名居全省前 7 位，其中有 54.55% 的指标为增速、增量等效力指标，包括"企业研发加计扣除减免税额增速""省级及以上创新载体数量增速""科技型中小企业数量增速"等。有 34 项指标排名居全省第 11~14 位，其中有 52.94% 的指标为增速、增量等效力指标，包括"高校基础研究占研发（R&D）经费支出比重增量""基础研究经费支出增速""全社会研发（R&D）经费支出占地区生产总值（GDP）的比重增量""规模以上工业企业研发（R&D）经费占营业收入的比重增量""万元地区生产总值能耗下降率增量"等。

评价结果显示（表 3-11）：永州市在技术合同成果交易、高企培育与发展、研发税收政策环境等方面表现突出；在科技园区发展质效、科企培育等方面表现良好；在研发投入、高价值专利数量、创新平台组建培育等方面有待加强。

根据此次评价结果，建议永州市以创建创新型城市为契机，不断深入实施科技创新"七大计划"，以科技创新引领现代化产业体系建设。围绕先进装备制造、电子信息、生物医药等重点产业集群，着力加强关键核心技术攻关，强化优势产业关键技术和引领未来前沿技术布局，因地制宜加快培育形成新质生产力。落实研发投入行动计划和各项普惠政策，综合运用投贷联动、股权融资等方式，构建多元化投入体系，引导激励企业和社会资本加大科技创新投入。对接省"四大实验室"，推进木本油料国家重点实验室永州分支机构加快建设，支持创建省级重点实验室、工程（技术）研究中心、中试基地等创新平台，力争实现国家级技术创新平台零的突破，为支持地方特色关键核心技术攻关提供平台支撑。加大科技创新主体培育力度，优化梯次培育机制，加速各类高端创新资源向企业集聚，推进高新技术企业与规模以上工业企业双向转化。完善科技成果转化服务体系，发挥潇湘科技要素大市场成果转化平台作用，加强专利培育及科技成果转化。积极探索异地孵化、"飞地经济"、伙伴园区、国际合作产业园等多种合作机制，开展人才交流、技术交流和跨境协作，拓宽招商引资渠道。

表 3-11　永州市科技创新能力评价结果

指标名称	科技创新能力		实力（60%）		效力（40%）	
	得分	排名	得分	排名	得分	排名
总得分	80.9	11↓	80.15	8↓	81.89	11↓
一、科技创新供给力	74.8	12↓	76.67	9↓	72.01	14↓
全社会研发（R&D）经费投入	75.3	12↓	80.67	12↓	67.35	14↓
全社会研发（R&D）人员投入	78.3	12↓	83.08	11↓	71.18	12↓
基础研究经费投入	61.9	14↓	59.15	11↓	65.95	14↓
地方财政科技投入	81.6	7↓	79.97	6	84.06	7↓
二、成果产出转化力	80.1	9↓	77.01	9	84.83	9↓
发明专利	68.3	12	68.69	11	67.74	11
高价值专利	68.1	12↓	67.10	11	69.60	11
技术市场	84.7	8↓	80.45	10↓	91.05	7↓
科技成果奖励	89.3	6↑	82.23	6↑	100.00	1↑
科研论文	91.4	9	88.50	10↓	95.61	8↑
三、平台载体驱动力	83.0	9	80.52	9↑	86.68	8↓
园区发展	92.7	4↑	91.78	3↑	93.97	3↑
研发平台与创新载体	79.2	12↓	74.47	11↓	86.31	11↓
园区覆盖率	84.7	6↑	87.41	6↑	80.54	7
四、产业经济贡献力	83.8	6	84.30	7	83.02	6↑
战略性新兴产业	89.3	6↓	90.06	8	88.15	6↓
高新技术产业	89.7	6↑	87.63	10↑	92.85	3↑
科技服务业	73.8	8↑	77.50	8	68.18	12↓
开放发展	82.7	8	75.04	9	94.14	11↓
绿色发展	80.2	11↓	83.37	10↓	75.35	11↓
园区绩效	86.3	7↓	91.40	8	78.73	9↓
五、创新主体竞争力	83.7	10↓	81.97	9↓	86.24	10↓
高新技术企业	84.8	9↓	81.89	11↓	89.20	8↓
科企、上市培育企业	88.0	8↑	84.81	10↑	92.76	5↑
规上工业企业研发	78.5	11↓	84.91	8↓	68.96	12↓
高校院所基础研究	76.4	12↓	83.66	10↓	65.60	14↓
研发税收优惠	83.5	9↑	73.76	12	97.97	3↑
创新创业参与	79.6	6↑	82.65	5↓	74.97	12↑

十二、怀化市

怀化市锚定"三高四新"美好蓝图，深入实施"五新四城"战略，打造"一廊两轴三区多点"科技创新发展格局，构建以"5+N"现代化产业新体系、"14+2"重点产业链和特色产业发展为支撑的科技创新驱动发展体系，创新动能加速积蓄。2022年，怀化市净增规模以上工业企业80家，新增国家级专精特新"小巨人"企业2家、省级专精特新中小企业30家。积极推进科技创新平台建设，岳麓山水产种业创新中心怀化分中心成功获批；奥谱隆科技、湖南知著科技等企业获批省级新型研发机构；辰溪、溆浦成功创建全国科普示范县。实施科技创新主体梯次培育，推动创新主体提质增量，科技型中小企业达773家、增长30.35%；高新技术企业增至420家；千源铝业成功挂牌省股交所科技创新专板，成为怀化市首个科技专板挂牌企业。

怀化市科技创新能力综合得分78.9，排名第12位，较上年度排名无变化。如图3-23所示，"科技创新供给力"得分75.83，排名第11位，较上年度进位2名；"成果产出转化力"得分77.47，排名第11位，较上年度排名无变化；"平台载体驱动力"得分78.99，排名第12位，较上年度退位2名；"产业经济贡献力"得分81.43，排名第10位，较上年度进位2名；"创新主体竞争力"得分80.67，排名第12位，较上年度退位1名。总体来看，怀化市"产业经济贡献力"略低于全省平均水平；"创新主体竞争力""成果产出转化力""平台载体驱动力""科技创新供给力"四个维度与全省平均水平均有一定差距。

怀化市科技创新实力得分78.32，排名第12位，较上年度退位2名。如图3-24所示，"科技创新供给实力"得分75.67，排名第10位，较上年度退位1名；"成果产出转化实力"得分74.42，排名第11位，较上年度排名无变化；"平台载体驱动实力"得分76.79，排名第12位，较上年度退位1名；"产业经济贡献实力"得分79.83，排名第11位，较上年度进位1名；"创新主体竞争实力"得分83.02，排名第8位，较上年度退位3名。总体来看，怀化市"创新主体竞争实力"与全省平均水平相当；"产业经济贡献实力""科技创新供给实力""平台载体驱动实力"三个维度与全省平均水平均有一定差距；"成果产出转化实力"较全省平均水平差距较为明显。

怀化市科技创新效力得分79.72，排名第13位，较上年度排名无变化。如图3-24所示，"科技创新供给效力"得分76.08，排名第11位，较上年度进位3名；"成果产出转化效力"得分82.03，排名第11位，较上年度排名无变化；"平台载体驱动效力"得分82.30，排名第12位，较上年度退位4名；"产业经济贡献效力"得分83.83，排名第5位，较上年度

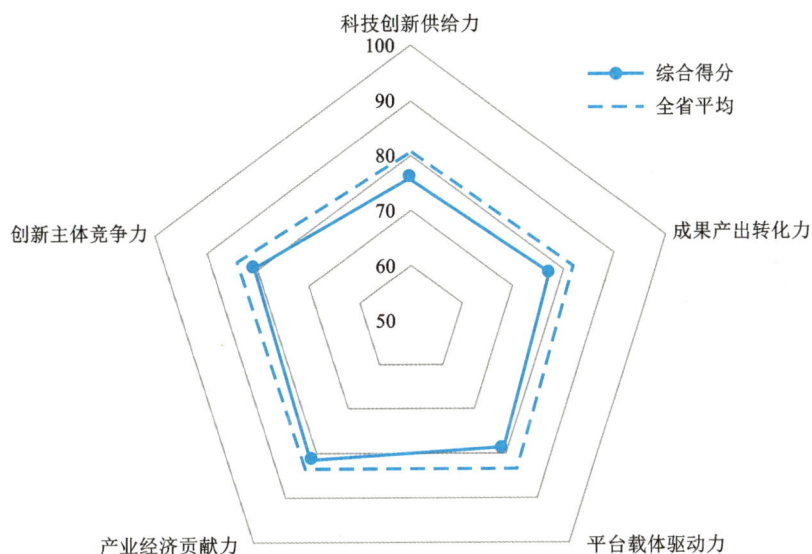

图 3-23 怀化市科技创新能力雷达图

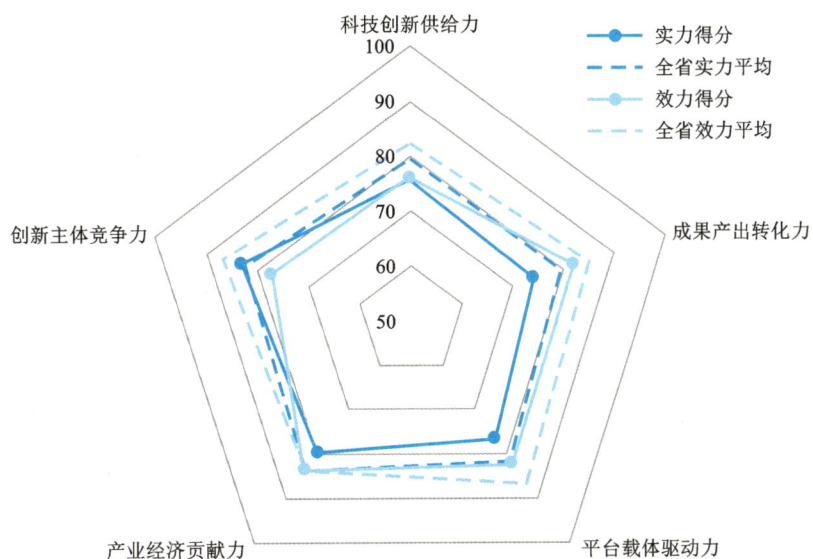

图 3-24 怀化市科技创新实力、效力雷达图

退位 2 名;"创新主体竞争效力"得分 77.14,排名第 13 位,较上年度进位 1 名。总体来看,怀化市"产业经济贡献效力"与全省平均水平相当;"成果产出转化效力""平台载体驱动效力"两个维度与全省平均水平均有一定差距;"科技创新供给效力""创新主体竞争效

力"两个维度较全省平均水平差距均较为明显。

怀化市在2022年度科技创新能力综合评价的96项实力、效力三级指标中，有7项指标排名第1，有2项指标排名第2，共计28项指标排名居全省前7位，其中有57.14%的指标为增速、增量等效力指标，包括"全社会研发（R&D）经费支出占地区生产总值（GDP）的比重增量""规模以上工业企业研发（R&D）经费占营业收入的比重增量""战略性新兴产业增加值增速""发表科技论文增速"。有39项指标排名居全省第11~14位，其中有53.85%的指标为总量、占比等实力指标，包括"省级及以上高新区县市区覆盖率""科技服务业产业增加值占地区生产总值（GDP）的比重""省级及以上科技园区占园区比重""技术合同成交额占地区生产总值（GDP）的比重""省级及以上高新区生产总值占地区生产总值（GDP）的比重"等。

评价结果显示（表3-12）：怀化市在科研产出、绿色发展、规上工业企业研发投入等方面表现突出；在全社会研发（R&D）经费投入、发明专利产出等方面表现良好；在园区发展质效、研发平台与创新载体、地方财政科技投入等方面有待加强。

根据此次评价结果，建议怀化市把准发展路径切入点，依托"双通道"构建对外开放新格局，积极融入长三角、大湾区、中部城市群、成渝经济圈，以高水平开放支撑高质量发展。对标全省"4×4"现代化产业体系建设，立足自身资源禀赋和基础条件，聚力电子信息、生物医药、新材料、先进桥隧装备制造、装配式建筑制造等五大重点产业发展，加快构建具有怀化特色的"5+N"现代化产业体系。支持省市重点实验室、工程（技术）研究中心等创新平台提档升级，推动规模以上工业企业研发机构和研发活动全覆盖。全力推动岳麓山种业创新中心大湘西区域中心建设，积极创建中医药技术创新中心，力争在种源种质、生物医药等领域取得一批原创性科技成果。持续加大"五好"园区创建力度，对标"五好"要求推动园区特色化差异化发展，加快建设新型显示全产业链基地、中国南方中药谷，全力培育千亿产业集群，加速推动全市产业集群集聚发展。建立健全多元化、多渠道、多层次的科技投入体系，推动科技创新普惠政策落实落地，发挥好政府资金对研发经费投入的引导、激励和拉动作用，持续加大全社会研发投入。完善潇湘科技要素大市场市县平台网络，促进本土企业深度对接高校及科研院所，深入实施科技型企业知识价值信用贷款风险补偿改革，加快推动"科技—产业—金融"深度融合。

表 3-12 怀化市科技创新能力评价结果

指标名称	科技创新能力		实力（60%）		效力（40%）	
	得分	排名	得分	排名	得分	排名
总得分	78.9	12	78.32	12 ↓	79.72	13
一、科技创新供给力	75.8	11 ↑	75.67	10 ↓	76.08	11 ↑
全社会研发（R&D）经费投入	85.5	8 ↑	82.35	11 ↑	90.24	4 ↑
全社会研发（R&D）人员投入	83.2	9 ↑	82.95	12	83.51	8 ↑
基础研究经费投入	65.7	12 ↓	62.65	9 ↓	70.22	13 ↓
地方财政科技投入	64.5	13 ↓	70.89	10 ↓	55.00	14 ↓
二、成果产出转化力	77.5	11	74.42	11	82.03	11
发明专利	74.4	8	72.40	9	77.33	6 ↑
高价值专利	68.4	11 ↓	67.53	10	69.68	10 ↓
技术市场	73.1	12 ↓	69.81	11 ↑	78.10	12 ↓
科技成果奖励	90.7	3 ↑	84.49	3 ↑	100.00	1 ↑
科研论文	94.2	2 ↑	90.37	6 ↑	100.00	1 ↑
三、平台载体驱动力	79.0	12 ↓	76.79	12 ↓	82.30	12 ↓
园区发展	84.3	11 ↑	82.06	12 ↓	87.57	9 ↑
研发平台与创新载体	79.0	13 ↓	77.55	8 ↑	81.13	13 ↓
园区覆盖率	73.8	12 ↑	69.22	13	80.54	7
四、产业经济贡献力	81.4	10 ↑	79.83	11 ↑	83.83	5 ↓
战略性新兴产业	85.5	11 ↓	83.88	11	87.84	8 ↓
高新技术产业	84.3	12 ↓	87.59	11 ↓	79.47	11 ↓
科技服务业	67.2	12	63.82	13	72.33	8
开放发展	78.0	12	67.15	12 ↓	94.24	10 ↑
绿色发展	89.2	2 ↑	88.38	3 ↑	90.33	2 ↑
园区绩效	80.9	13 ↓	82.71	13 ↓	78.05	11 ↓
五、创新主体竞争力	80.7	12 ↓	83.02	8 ↓	77.14	13 ↑
高新技术企业	79.3	12	89.00	4	64.64	13 ↑
科企、上市培育企业	79.9	12 ↓	82.81	11 ↓	75.57	12 ↓
规上工业企业研发	93.8	2 ↑	91.57	4 ↑	97.16	2 ↑
高校院所基础研究	78.9	11 ↓	81.91	11 ↓	74.27	13 ↓
研发税收优惠	82.0	11 ↑	79.97	8 ↓	84.98	12 ↑
创新创业参与	70.3	11 ↓	65.92	11 ↓	76.94	9 ↓

十三、娄底市

娄底市对标"三大支撑八项重点"工作，加速推进中部地区"材料谷"建设，创新驱动发展成效明显。获省政府支持出台《支持娄底市先进材料产业高质量发展若干政策措施》，实施"材料谷"产业项目"500 工程"，重点推进亿元以上项目 48 个，集聚规上企业 430 家。娄底高新区科技企业孵化器升级为国家级科技企业孵化器；涟钢成功创建国家企业技术中心，实现娄底钢铁行业国家级研发平台"破零"；新增国家级专精特新"小巨人"企业 6 家，新化美程陶瓷成为娄底首家全国制造业单项冠军。创新投入产出效益显著，全社会研发经费投入强度增幅、总量增速分别居全省第 3、第 5 位，五江高科芯片封装干膜技术获省颠覆性技术创新大赛第一名，涟钢热处理钢板关键技术全球领先，获省科技进步一等奖；获评国家级企业标准"领跑者" 4 项。

娄底市科技创新能力综合得分 82.3，排名第 9 位，较上年度进位 2 名。如图 3-25 所示，"科技创新供给力"得分 77.96，排名第 10 位，较上年度退位 1 名；"成果产出转化力"得分 82.35，排名第 8 位，较上年度退位 2 名；"平台载体驱动力"得分 84.32，排名第 8 位，较上年度进位 3 名；"产业经济贡献力"得分 82.35，排名第 9 位，较上年度进位 1 名；"创新主体竞争力"得分 85.25，排名第 7 位，较上年度进位 5 名。总体来看，娄底市"创新主体竞争力"略高于全省平均水平；"平台载体驱动力""成果产出转化力"两个维度与全省平均水平相当；"产业经济贡献力""科技创新供给力"略低于全省平均水平。

娄底市科技创新实力得分 79.48，排名第 10 位，较上年度进位 1 名。如图 3-26 所示，"科技创新供给实力"得分 74.48，排名第 12 位，较上年度退位 1 名；"成果产出转化实力"得分 78.81，排名第 8 位，较上年度进位 2 名；"平台载体驱动实力"得分 81.04，排名第 8 位，较上年度排名无变化；"产业经济贡献实力"得分 82.20，排名第 8 位，较上年度进位 2 名；"创新主体竞争实力"得分 81.80，排名第 10 位，较上年度进位 2 名。总体来看，娄底市"平台载体驱动实力""创新主体竞争实力""成果产出转化实力"三个维度均与全省平均水平相当；"产业经济贡献实力"略低于全省平均水平；"科技创新供给实力"与全省平均水平有一定差距。

娄底市科技创新效力得分 86.46，排名第 7 位，较上年度进位 4 名。如图 3-26 所示，"科技创新供给效力"得分 83.20，排名第 7 位，较上年度排名无变化；"成果产出转化效力"得分 87.66，排名第 6 位，较上年度退位 2 名；"平台载体驱动效力"得分 89.24，排名第 7 位，较上年度进位 4 名；"产业经济贡献效力"得分 82.57，排名第 9 位，较上年度退位

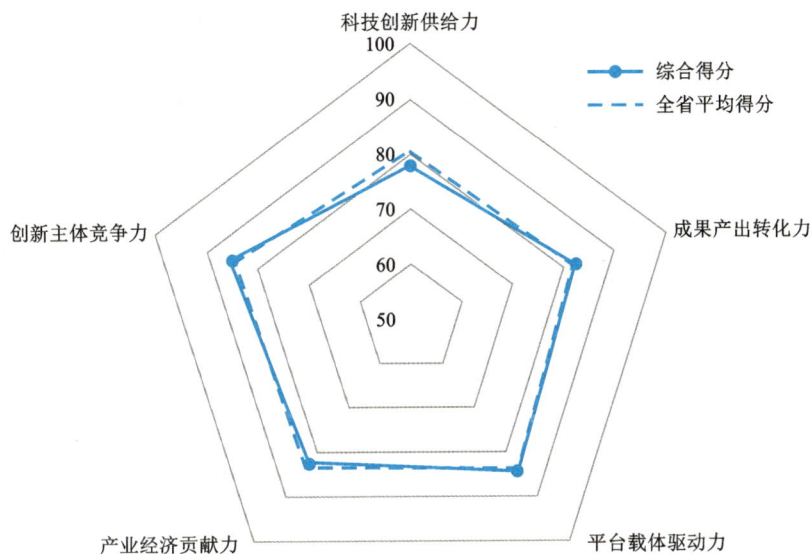

图 3-25 娄底市科技创新能力雷达图

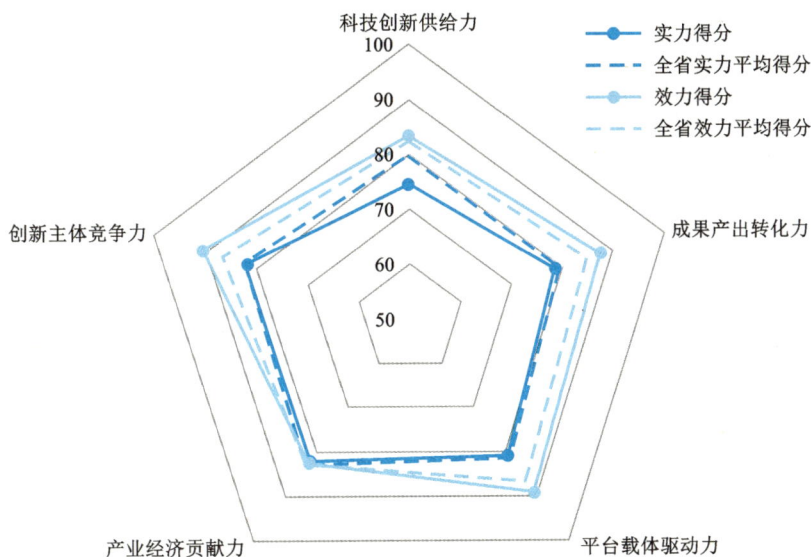

图 3-26 娄底市科技创新实力、效力雷达图

4 名;"创新主体竞争效力"得分 90.43,排名第 5 位,较上年度进位 8 名。总体来看,娄底市"创新主体竞争效力"较全省平均水平具有一定优势;"平台载体驱动效力""成果产出转化效力"两个维度均略高于全省平均水平;"科技创新供给效力""产业经济贡献效力"两个

维度均与全省平均水平相当。

娄底市在2022年度科技创新能力综合评价的96项实力、效力三级指标中，有8项指标排名第1，有1项指标排名第2，共计46项指标排名居全省前7位，其中有63.04%的指标为增速、增量等效力指标，包括"技术合同成交额增速""高新技术产品出口额增速""科研机构基础研究占研发（R&D）经费支出比重增量"等。有23项指标排名居全省第11~14位，其中有60.87%的指标为总量、占比等实力指标，包括"基础研究经费占全社会研发（R&D）经费支出的比重""科技型中小企业数量""省级及以上科技园区数量""高新技术企业数量"等。

评价结果显示（表3-13）：娄底市在绿色发展、研发税收政策环境、创新创业活跃度等方面表现突出；在全社会研发经费及人员投入增长、技术市场交易活跃度等方面表现良好；在地方财政科技投入、研发平台与创新载体建设、战略性新兴产业发展、创新主体培育等方面有待加强。

根据此次评价结果，建议娄底市锚定"三高四新"美好蓝图，优化创新创业环境，持续用力打造中部地区"材料谷"，推进先进钢铁材料、先进电子陶瓷、先进复合材料等优势领域产业升级工程，统筹抓好节能环保、新能源与先进储能等战略性新兴产业发展，推动产业高端化、智能化、绿色化转型。加大财政对科技创新的投入力度，支持企业、高校、科研院所等创新主体共建产学研深度融合的技术研发平台，加快推进"材料谷"创新平台、娄底先进陶瓷技术创新中心建设，围绕优势重点领域凝练设计重大科技攻关项目，开展共性关键技术研发，提升产业链供应链韧性和安全水平。畅通科技成果信息收集和共享渠道，探索"异地研发+娄底孵化生产"的合作机制，促进更多成果在娄底转化。加大创新创业孵化载体平台建设力度，推动各类创新创业孵化机构体系化、专业化发展，推进科技型中小企业、高新技术企业等科技型企业培育，建立高成长性企业识别、培育、支撑服务体系，加大科技领军企业创新资源配置，培育一批具有生态主导力的产业链"链主"企业。

表 3-13　娄底市科技创新能力评价结果

指标名称	科技创新能力		实力（60%）		效力（40%）	
	得分	排名	得分	排名	得分	排名
总得分	82.3	9↑	79.48	10↑	86.46	7↑
一、科技创新供给力	78.0	10↓	74.48	12↓	83.20	7
全社会研发（R&D）经费投入	86.3	7↑	85.26	8↑	87.76	5↑
全社会研发（R&D）人员投入	85.2	7↑	85.79	10↓	84.26	7↑
基础研究经费投入	66.9	11↓	56.13	14↓	83.13	9↓
地方财政科技投入	69.4	11↑	65.01	11	76.02	12↓
二、成果产出转化力	82.4	8↓	78.81	8↑	87.66	6↓
发明专利	73.6	9	72.02	10	76.08	8↑
高价值专利	71.2	8	69.32	9	74.07	9↓
技术市场	86.8	6↑	81.79	7↑	94.42	2
科技成果奖励	90.1	4	83.53	4↑	100.00	1↑
科研论文	90.7	10↓	89.83	7↑	92.01	12↓
三、平台载体驱动力	84.3	8↑	81.04	8	89.24	7↑
园区发展	87.6	8↑	85.76	9	90.37	6↑
研发平台与创新载体	81.7	10↑	75.05	10↑	91.76	5↑
园区覆盖率	88.8	5↑	94.28	3	80.54	7
四、产业经济贡献力	82.4	9↑	82.20	8↑	82.57	9↓
战略性新兴产业	87.8	10↓	92.00	6	81.38	11↓
高新技术产业	85.5	9↓	89.62	8	79.38	12↓
科技服务业	66.0	13↓	64.01	12	69.08	11↓
开放发展	81.8	9↑	70.29	10↑	98.96	1↑
绿色发展	86.0	4↑	85.52	7↓	86.65	5↑
园区绩效	84.8	9↓	88.14	10	79.69	7↓
五、创新主体竞争力	85.3	7↑	81.80	10↑	90.43	5↑
高新技术企业	86.2	8↑	82.19	10↑	92.11	6↑
科企、上市培育企业	84.8	10↑	82.63	12↓	87.93	10↑
规上工业企业研发	82.5	9↑	81.10	11	84.58	7↑
高校院所基础研究	93.8	2↑	94.61	3↑	92.69	3↑
研发税收优惠	87.8	4↑	81.19	6↑	97.67	5↑
创新创业参与	84.5	4↑	80.93	6↑	89.87	4↑

十四、湘西州

　　湘西州深化创新型湘西建设，突出科技创新在现代化新湘西建设全局中的核心位置，出台《湘西州加快科技创新推动经济高质量发展三年行动计划(2022—2024年)》，推进全州经济创新提质。推动新型工业化和州域优势特色产业集群发展，生物医药和生物科技、新能源产业链产值快速提升，10条优势产业链不断发展壮大。实施"揭榜挂帅"的关键核心技术攻关机制改革，建立以需求为导向的重大项目形成机制，遴选形成8个项目榜单。国家科技企业孵化器、国家专精特新小巨人企业均实现"零的突破"，14家企业入选省上市后备企业；建成省级科技创新平台11家；新获批湖南省科技创新创业团队1个，国家外国专家项目1个、湖南省"三尖"人才4个；成功举办中国科协年会"科技赋能首倡地·创新引领新湘西"高峰论坛。

　　湘西州科技创新能力综合得分74.9，排名第13位，较上年度排名无变化。如图3-27所示，"科技创新供给力"得分68.83，排名第13位，较上年度退位1名；"成果产出转化力"得分73.75，排名第13位，较上年度排名无变化；"平台载体驱动力"得分82.68，排名第10位，较上年度进位2名；"产业经济贡献力"得分80.03，排名第13位，较上年度排名无变化；"创新主体竞争力"得分72.96，排名第14位，较上年度退位1名。总体来看，湘西州"平台载体驱动力"与全省平均水平相当；"产业经济贡献力"与全省平均水平有一定差距；"成果产出转化力""创新主体竞争力""科技创新供给力"三个维度均较全省平均水平差距较为明显。

　　湘西州科技创新实力得分71.40，排名第13位，较上年度排名无变化。如图3-28所示，"科技创新供给实力"得分65.67，排名第13位，较上年度排名无变化；"成果产出转化实力"得分71.13，排名第13位，较上年度排名无变化；"平台载体驱动实力"得分77.89，排名第11位，较上年度进位1名；"产业经济贡献实力"得分78.59，排名第13位，较上年度排名无变化；"创新主体竞争实力"得分67.66，排名第13位，较上年度排名无变化。总体来看，湘西州"平台载体驱动实力""产业经济贡献实力"两个维度均与全省平均水平有一定差距；"成果产出转化实力""科技创新供给实力""创新主体竞争实力"三个维度较全省平均水平差距均较为明显。

　　湘西州科技创新效力得分80.19，排名第12位，较上年度排名无变化。如图3-28所示，"科技创新供给效力"得分73.57，排名第12位，较上年度退位8名；"成果产出转化效力"得分77.68，排名第13位，较上年度进位1名；"平台载体驱动效力"得分89.87，排名

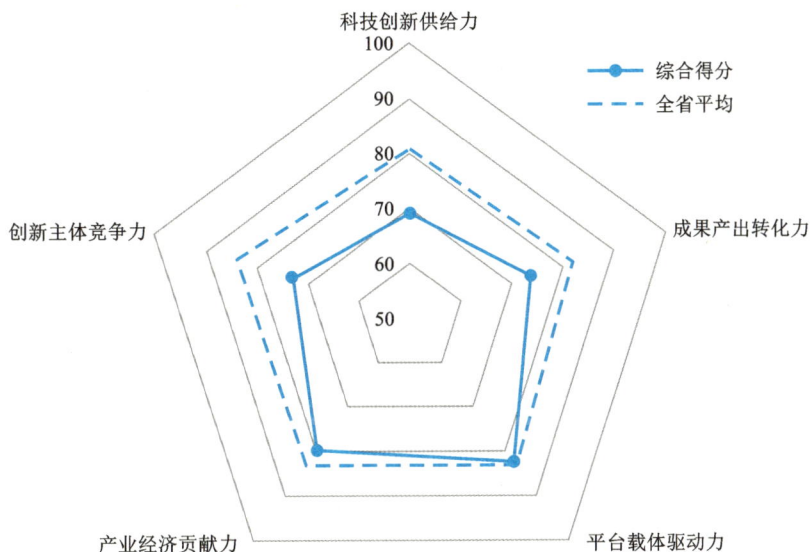

图 3-27 湘西州科技创新能力雷达图

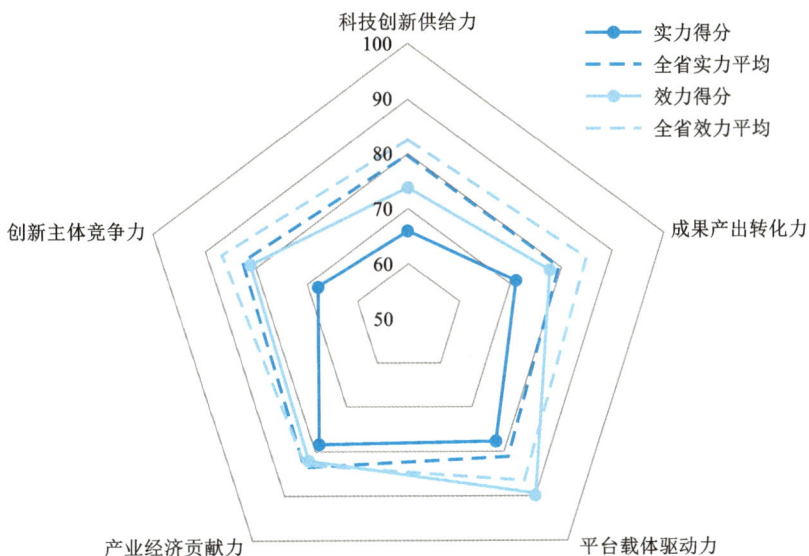

图 3-28 湘西州科技创新实力、效力雷达图

第 6 位，较上年度进位 7 名；"产业经济贡献效力"得分 82.18，排名第 10 位，较上年度进位 3 名；"创新主体竞争效力"得分 80.92，排名第 12 位，较上年度退位 1 名。总体来看，湘西州"平台载体驱动效力"较全省平均水平具有一定优势；"产业经济贡献效力"略低于全省平均水平；"创新主体竞争效力""成果产出转化效力""科技创新供给效力"三个维度

较全省平均水平差距均较为明显。

湘西州在2022年度科技创新能力综合评价的96项实力、效力三级指标中,有7项指标排名第1,有4项指标排名第2,共计31项指标排名居全省前7位,其中有74.19%的指标为增速、增量等效力指标,包括"基础研究经费占全社会研发(R&D)经费支出的比重增量""万元地区生产总值能耗下降率增量""科技服务业产业增加值占地区生产总值(GDP)的比重增量"等。有51项指标排名居全省第11~14位,其中有58.82%的指标为总量、占比等实力指标,包括"规模以上工业企业有研发(R&D)活动的单位占比""规模以上工业企业研发(R&D)经费占营业收入的比重""省上市后备企业数量""高新技术产品出口额""地方财政科技支出占地方财政支出的比重"等。

评价结果显示(表3-14):湘西州科技服务业产业发展、绿色发展等方面表现突出;在创新创业活跃度、创新平台与载体建设等方面表现良好;在研发投入水平、地方财政科技投入、技术市场活跃度、创新主体培育和发展、高质量成果产出等方面有待加强。

根据此次评价结果,建议湘西州锚定"三高四新"美好蓝图,全力打造"三区两地"、建设"五个湘西",积极推进湘西高新区创建国家高新区、花垣产业开发区创建省级高新区、泸溪县创建国家创新型县。对标全省"4×4"现代化产业体系建设,立足自身资源禀赋,挖掘比较优势,做大做强文化旅游支柱产业,加快推动旅游与其他行业、产业深度融合发展,延伸旅游产业链条;把握湘南湘西承接产业转移示范区建设机遇,借助沿海地区、长株潭地区以及对口帮扶地区的产业发展优势,积极承接产业转移,促进产业转型升级。探索"财政+"投入引导模式,撬动社会资本投向科技创新和技术研发,不断提升全社会研发经费投入水平。着力提升企业科技创新能力、强化企业创新主体地位,积极引导重点企业与科研院所、高校开展深度产学研合作,共建技术研究院、重点实验室、工程技术研究中心、院士工作站等专业技术研发平台,开展技术难题攻关,承接新技术、新产品、新装备等成果转化及产业化应用。

表 3-14　湘西州科技创新能力评价结果

指标名称	科技创新能力		实力（60%）		效力（40%）	
	得分	排名	得分	排名	得分	排名
总得分	74.9	13	71.40	13	80.19	12
一、科技创新供给力	68.8	13↓	65.67	13	73.57	12↓
全社会研发（R&D）经费投入	65.3	13↓	61.97	13	70.30	12↓
全社会研发（R&D）人员投入	65.8	13	66.14	13	65.29	14↓
基础研究经费投入	84.7	4↑	80.76	4↑	90.52	4↑
地方财政科技投入	63.5	14↓	58.41	13↓	71.22	13↓
二、成果产出转化力	73.8	13	71.13	13	77.68	13↑
发明专利	61.5	13	65.62	13↓	55.34	14
高价值专利	59.4	14	62.35	13↓	55.00	14
技术市场	73.3	11↑	65.21	13	85.37	9↓
科技成果奖励	94.1	2↑	90.22	2↑	100.00	1↑
科研论文	90.4	11↓	86.99	12↓	95.49	10↑
三、平台载体驱动力	82.7	10↑	77.89	11↑	89.87	6↑
园区发展	85.9	10↓	84.81	10	87.57	9↓
研发平台与创新载体	82.0	9↑	74.16	12↑	93.75	4↑
园区覆盖率	81.5	10↑	82.15	10↑	80.54	7
四、产业经济贡献力	80.0	13	78.59	13	82.18	10↑
战略性新兴产业	83.9	12	81.30	13	87.88	7↑
高新技术产业	78.4	13	75.68	13	82.56	9↑
科技服务业	85.5	2↑	83.54	4	88.39	2↑
开放发展	63.7	14	55.01	14	76.80	13↑
绿色发展	84.6	6↑	87.67	4↑	79.96	8↓
园区绩效	83.0	11↓	86.31	11	78.11	10↓
五、创新主体竞争力	73.0	14↓	67.66	13	80.92	12↓
高新技术企业	73.9	13	66.85	13	84.50	12↑
科企、上市培育企业	72.6	14	71.65	13	74.03	13
规上工业企业研发	59.4	14↓	55.00	14↓	66.00	14↓
高校院所基础研究	94.6	1↑	95.43	2↑	93.44	2↑
研发税收优惠	81.6	12↓	70.28	13	98.48	2↑
创新创业参与	76.6	8↓	72.63	9↑	82.60	6↓

附　录

一、评价指标体系

本评价报告指标体系充分借鉴了科技部连续 20 余年发布的《中国区域创新能力评价报告》《中国区域科技创新能力评价报告》等知名报告，在延续往年湖南省区域科技创新能力评价指标体系基础上，结合我省创新发展特色，沿用上年度区域科技创新能力评价体系，由 5 个一级指标、24 个二级指标和 48 个三级指标构成。

指标选取遵循数据的公开性、标准性以及全面性原则，兼顾地区发展的实力及效力，以客观、真实、动态、多角度评价各地区科技创新水平，全面衡量创新发展的成效和进展。其中，实力指标包括总量和占比指标，从"规模"和"结构"两个角度反映各地区创新发展情况；效力指标包括增速和增量指标，从"潜力"和"效率"两个角度反映各地区创新发展情况。

五个一级指标包括：科技创新供给力、成果产出转化力、平台载体驱动力、产业经济贡献力和创新主体竞争力，其中，科技创新供给力主要评价地区科技创新发展的经费和人力投入情况；成果产出转化力主要评价地区高质量知识产权、科技成果转移转化以及高水平科研产出情况；平台载体驱动力主要评价地区在园区建设、研发平台及创新载体建设等创新基础资源集聚情况；产业经济贡献力主要评价地区通过产业、绿色、开放、园区发展贡献经济高质量发展的创新效能；创新主体竞争力主要评价地区各创新主体的创新活力和发展潜力。

附表1　2024湖南省区域科技创新能力评价指标体系

一级序号	一级指标	二级序号	二级指标	三级序号	三级指标
1	科技创新供给力	1	全社会研发(R&D)经费投入	1	全社会研发(R&D)经费支出及增速
				2	全社会研发(R&D)经费支出占地区生产总值(GDP)的比重及增量
		2	全社会研发(R&D)人员投入	3	全社会研发(R&D)人员全时当量及增速
				4	每万人研发(R&D)人员全时当量及增量
		3	基础研究经费投入	5	基础研究经费支出及增速
				6	基础研究经费占全社会研发(R&D)经费支出的比重及增量
		4	地方财政科技投入	7	地方财政科技支出及增速
				8	地方财政科技支出占地方财政支出的比重及增量
2	成果产出转化力	5	发明专利	9	有效发明专利拥有量及增速
				10	每万人有效发明专利拥有量及增量
		6	高价值专利	11	高价值发明专利拥有量及增速
				12	每万人高价值发明专利拥有量及增量
		7	技术市场	13	技术合同成交额及增速
				14	技术合同成交额占地区生产总值(GDP)的比重及增量
		8	科技成果奖励	15	省级及以上科技成果奖励当量及增量
				16	每万研发人员中省级及以上科技成果奖励当量及增量
		9	科研论文	17	发表科研论文及增速
				18	每万研发人员发表科研论文数及增量
3	平台载体驱动力	10	园区发展	19	省级及以上科技园区数量及增速
				20	省级及以上科技园区占园区比重及增量
		11	研发平台与创新载体	21	省级及以上研发平台数量及增速
				22	省级及以上创新载体数量及增速
		12	园区覆盖率	23	省级及以上高新区县市区覆盖率及增量
				24	省级及以上农科园县市区覆盖率及增量

续附表1

一级序号	一级指标	二级序号	二级指标	三级序号	三级指标
4	产业经济贡献力	13	战略性新兴产业	25	战略性新兴产业增加值及增速
				26	战略性新兴产业增加值占地区生产总值（GDP）的比重及增量
		14	高新技术产业	27	高新技术产业增加值及增速
				28	高新技术产业增加值占地区生产总值（GDP）的比重及增量
		15	科技服务业	29	科技服务业产业增加值及增速
				30	科技服务业产业增加值占地区生产总值（GDP）的比重及增量
		16	开放发展	31	高新技术产品出口额及增速
				32	高新技术产品出口额占货物出口总额的比重及增量
		17	绿色发展	33	万元地区生产总值能耗下降率及增量
				34	环境质量指数及增量
		18	园区绩效	35	每家省级及以上高新区技工贸收入及增量
				36	省级及以上高新区生产总值占地区生产总值（GDP）的比重及增量
5	创新主体竞争力	19	高新技术企业	37	高新技术企业数量及增速
				38	每万家企业法人中高新技术企业数及增量
		20	科企、上市培育企业	39	科技型中小企业数量及增速
				40	省上市后备企业数量及增速
		21	规上工业企业研发	41	规模以上工业企业研发（R&D）经费占营业收入的比重及增量
				42	规模以上工业企业有研发（R&D）活动的单位占比及增量
		22	高校院所基础研究	43	高校基础研究占研发（R&D）经费支出比重及增量
				44	科研机构基础研究占研发（R&D）经费支出比重及增量
		23	研发税收优惠	45	企业研发加计扣除减免税额及增速
				46	每万家企业中享受研发加计扣除企业数及增量
		24	创新创业参与	47	创新创业大赛获奖数量及增量
				48	创新创业大赛获奖金额及增量

附表2　2024湖南省区域科技创新能力评价指标体系—实力指标

一级序号	一级指标	二级序号	二级指标	三级序号	三级—实力指标	单位
1	科技创新供给力	1	全社会研发（R&D）经费投入	1	全社会研发（R&D）经费支出	亿元
				2	全社会研发（R&D）经费支出占地区生产总值（GDP）的比重	%
		2	全社会研发（R&D）人员投入	3	全社会研发（R&D）人员全时当量	人年
				4	每万人研发（R&D）人员全时当量	人年/万人
		3	基础研究经费投入	5	基础研究经费支出	亿元
				6	基础研究经费占全社会研发（R&D）经费支出的比重	%
		4	地方财政科技投入	7	地方财政科技支出	亿元
				8	地方财政科技支出占地方财政支出的比重	%
2	成果产出转化力	5	发明专利	9	有效发明专利拥有量	件
				10	每万人有效发明专利拥有量	件/万人
		6	高价值专利	11	高价值发明专利拥有量	件
				12	每万人高价值发明专利拥有量	件/万人
		7	技术市场	13	技术合同成交额	亿元
				14	技术合同成交额占地区生产总值（GDP）的比重	%
		8	科技成果奖励	15	省级及以上科技成果奖励当量	项
				16	每万研发人员中省级及以上科技成果奖励当量	项/万人
		9	科研论文	17	发表科研论文	篇
				18	每万研发人员发表科研论文数	篇/万人
3	平台载体驱动力	10	园区发展	19	省级及以上科技园区数量	个
				20	省级及以上科技园区占园区比重	%
		11	研发平台与创新载体	21	省级及以上研发平台数量	个
				22	省级及以上创新载体数量	个
		12	园区覆盖率	23	省级及以上高新区县市区覆盖率	%
				24	省级及以上农科园县市区覆盖率	%

续附表2

一级序号	一级指标	二级序号	二级指标	三级序号	三级—实力指标	单位
4	产业经济贡献力	13	战略性新兴产业	25	战略性新兴产业增加值	亿元
				26	战略性新兴产业增加值占地区生产总值（GDP）的比重	%
		14	高新技术产业	27	高新技术产业增加值	亿元
				28	高新技术产业增加值占地区生产总值（GDP）的比重	%
		15	科技服务业	29	科技服务业产业增加值	亿元
				30	科技服务业产业增加值占地区生产总值（GDP）的比重	%
		16	开放发展	31	高新技术产品出口额	亿元
				32	高新技术产品出口额占货物出口总额的比重	%
		17	绿色发展	33	万元地区生产总值能耗下降率	%
				34	环境质量指数	%
		18	园区绩效	35	每家省级及以上高新区技工贸收入	亿元/家
				36	省级及以上高新区生产总值占地区生产总值（GDP）的比重	%
5	创新主体竞争力	19	高新技术企业	37	高新技术企业数量	家
				38	每万家企业法人中高新技术企业数	家/万家
		20	科企、上市培育企业	39	科技型中小企业数量	家
				40	省上市后备企业数量	家
		21	规上工业企业研发	41	规模以上工业企业研发（R&D）经费占营业收入的比重	%
				42	规模以上工业企业有研发（R&D）活动的单位占比	%
		22	高校院所基础研究	43	高校基础研究占研发（R&D）经费支出比重	%
				44	科研机构基础研究占研发（R&D）经费支出比重	%
		23	研发税收优惠	45	企业研发加计扣除减免税额	亿元
				46	每万家企业中享受研发加计扣除企业数	个/万家
		24	创新创业参与	47	创新创业大赛获奖数量	个
				48	创新创业大赛获奖金额	万元

附表3　2024湖南省区域科技创新能力评价指标体系—效力指标

一级序号	一级指标	二级序号	二级指标	三级序号	三级—效力指标	单位
1	科技创新供给力	1	全社会研发（R&D）经费投入	1	全社会研发（R&D）经费支出增速	%
				2	全社会研发（R&D）经费支出占地区生产总值（GDP）的比重增量	个
		2	全社会研发（R&D）人员投入	3	全社会研发（R&D）人员全时当量增速	%
				4	每万人研发（R&D）人员全时当量增量	人年/万人
		3	基础研究经费投入	5	基础研究经费支出增速	%
				6	基础研究经费占全社会研发（R&D）经费支出的比重增量	个
		4	地方财政科技投入	7	地方财政科技支出增速	%
				8	地方财政科技支出占地方财政支出的比重增量	个
2	成果产出转化力	5	发明专利	9	有效发明专利拥有量增速	%
				10	每万人有效发明专利拥有量增量	件/万人
		6	高价值专利	11	高价值发明专利拥有量增速	%
				12	每万人高价值发明专利拥有量增量	件/万人
		7	技术市场	13	技术合同成交额增速	%
				14	技术合同成交额占地区生产总值（GDP）的比重增量	个
		8	科技成果奖励	15	省级及以上科技成果奖励当量增量	项
				16	每万研发人员中省级及以上科技成果奖励当量增量	项/万人
		9	科研论文	17	发表科研论文增速	%
				18	每万研发人员发表科研论文数增量	篇/万人
3	平台载体驱动力	10	园区发展	19	省级及以上科技园区数量增速	%
				20	省级及以上科技园区占园区比重增量	个
		11	研发平台与创新载体	21	省级及以上研发平台增速	%
				22	省级及以上创新载体增速	%
		12	园区覆盖率	23	省级及以上高新区县市区覆盖率增量	个
				24	省级及以上农科园县市区覆盖率增量	个

续附表3

一级序号	一级指标	二级序号	二级指标	三级序号	三级—效力指标	单位
4	产业经济贡献力	13	战略性新兴产业	25	战略性新兴产业增加值增速	%
				26	战略性新兴产业增加值占地区生产总值（GDP）的比重增量	个
		14	高新技术产业	27	高新技术产业增加值增速	%
				28	高新技术产业增加值占地区生产总值（GDP）的比重增量	个
		15	科技服务业	29	科技服务业产业增加值增速	%
				30	科技服务业产业增加值占地区生产总值（GDP）的比重增量	个
		16	开放发展	31	高新技术产品出口额增速	%
				32	高新技术产品出口额占货物出口总额的比重增量	个
		17	绿色发展	33	万元地区生产总值能耗下降率增量	个
				34	环境质量指数增量	个
		18	园区绩效	35	每家省级及以上高新区技工贸总收入增量	亿元/家
				36	省级及以上高新区生产总值占地区生产总值（GDP）的比重增量	个
5	创新主体竞争力	19	高新技术企业	37	高新技术企业增速	%
				38	每万家企业法人中高新技术企业增量	家/万家
		20	科企、上市培育企业	39	科技型中小企业增速	%
				40	省上市后备企业增速	%
		21	规上工业企业研发	41	规模以上工业企业研发（R&D）经费占营业收入的比重增量	个
				42	规模以上工业企业有研发（R&D）活动的单位占比增量	个
		22	高校院所基础研究	43	高校基础研究占研发（R&D）经费支出的比重增量	个
				44	科研机构基础研究占研发（R&D）经费支出的比重增量	个
		23	研发税收优惠	45	企业研发加计扣除减免税额增速	%
				46	每万家企业中享受研发加计扣除企业数增量	个/万家
		24	创新创业参与	47	创新创业大赛获奖数量增量	个
				48	创新创业大赛获奖金额增量	万元

二、评价指标说明

- **全社会研发(R&D)经费支出(亿元)**

全社会研发(R&D)经费支出指全社会实际用于基础研究、应用研究和试验发展的经费支出,包括实际用于研究与试验发展活动的人员劳务费、原材料费、固定资产购建费、管理费及其他费用支出。

- **全社会研发(R&D)经费支出占地区生产总值(GDP)的比重(%)**

全社会研发(R&D)经费支出占地区生产总值(GDP)的比重是衡量地区科技实力和投入强度最重要的综合指标。

- **全社会研发(R&D)人员全时当量(人年)**

全社会研发(R&D)人员全时当量指全时人员数加非全时人员按工作量折算为全时人员数的总和,为国际上比较科技人力投入而制定的可比指标。例如:有两个全时人员和三个非全时人员(工作时间分别为20%、30%和70%),则全时当量为2+0.2+0.3+0.7 = 3.2人年。

- **每万人研发(R&D)人员全时当量(人年/万人)**

每万人研发(R&D)人员全时当量指按常住全部人口平均计算的R&D人员全时当量,反映自主创新人力的投入规模和强度。

- **基础研究经费支出(亿元)**

基础研究经费支出指为了获得关于现象和可观察事实的基本原理的新知识,而进行的实验性或理论性研究所产生的支出,其成果以科学论文和科学著作为主要形式,主要反映地区科技创新的深度和广度。

- **基础研究经费占全社会研发(R&D)经费支出的比重(%)**

基础研究经费占全社会研发(R&D)经费支出的比重是衡量基础研究经费投入占全社会研发(R&D)经费支出比重的指标。

- **地方财政科技支出(亿元)**

地方财政科技支出指地方用于科学技术方面的支出,主要衡量地区政府及其相关部门对科技活动的资金支持力度。

- **地方财政科技支出占地方财政支出的比重(%)**

地方财政科技支出占地方财政支出的比重是衡量地方政府科技投入力度的重要指标。

- **有效发明专利拥有量(件)**

有效发明专利拥有量指作为第一专利权人拥有的、经境内外知识产权行政部门授权且在有效期内的发明专利件数。

- **每万人有效发明专利拥有量(件/万人)**

每万人有效发明专利拥有量指每万人中作为专利权人拥有的、经国内知识产权管理部门授权且在有效期内的发明专利件数,主要反映地区科技活动质量的重要指标。

- **高价值发明专利拥有量(件)**

高价值发明专利拥有量指作为第一专利权人拥有的、经境内外知识产权行政部门授权且在有效期内的符合下列任一条件的有效发明专利件数:战略性新兴产业的发明专利;在海外有同族专利权的发明专利;维持年限超过10年的发明专利;实现较高质押融资金额的发明专利;获得国家科学技术奖、中国专利奖的发明专利。

- **每万人高价值发明专利拥有量(件/万人)**

每万人高价值发明专利拥有量指每万人中拥有的高价值发明专利个数,是反映地区科技活动发展质量的重要指标。

- **技术合同成交额(亿元)**

技术合同成交额指由技术市场管理办公室认定登记的技术合同(技术开发、技术转让、技术咨询、技术服务)的合同标的金额的总和,主要衡量地区技术市场对科技资源配置作用的重要指标。

- **技术合同成交额占地区生产总值(GDP)的比重(%)**

技术合同成交额占地区生产总值(GDP)的比重是反映技术市场对推动地区经济增长贡献度的重要指标。

- **省级及以上科技成果奖励当量(项)**

省级及以上科技成果奖励当量是指某个地区主要参与对全省省级及以上科技进步奖、技术发明奖、自然科学奖的贡献量,可以反映一个地区对全省科技事业发展的重视程度。在计算时进行了以下技术处理,利用层次分析法计算各获奖地区在所获奖项中的参与系数,按照国家级、省级和一级、二级、三级进行参与系数等级类推。计算公式为:省级及以上科技成果奖励当量 $= \sum ($级别系数 $\times$ 等级系数 $\times$ 参与系数$)$,主要反映重大科技成果的产出数量。

- **每万研发人员中省级及以上科技成果奖励当量(项/万人)**

每万研发人员中省级及以上科技成果奖励当量指省级及以上科技成果奖励当量与地区每万研发人员的比值,主要从重大科技成果的角度反映各地区科技活动直接产出的质量。

- **发表科研论文数(篇)**

发表科研论文数指在学术期刊上发表的最初的科学研究成果,主要反映该地区科技工作者对科学技术研究的热情,有利于科学研究成果积累。

- **每万研发人员发表科研论文数(篇/万人)**

每万人研发人员发表科研论文数指每万研发人员中发表的科研论文个数,是反映地区研发人员对科学研究重视程度。

- **省级及以上科技园区数量(个)**

省级及以上科技园区数量是指省级及以上高新技术产业开发区、省级农业科技产业园区、省级及以上可持续发展实验区的总数,是国家自主创新战略和推动战略性新兴产业发展的重要平台,主要反映高质量发展的承载力。

- **省级及以上科技园区占园区比重(%)**

省级及以上科技园区占园区比重指科技园区占省级园区的比重,是反映市州园区结构科技程度的指标。

- **省级及以上研发平台数量(个)**

省级以上研发平台包括省级及以上重点实验室、省级及以上工程技术研究中心、临床医学研究中心和临床医疗技术示范基地,主要反映地区研发平台的发展水平。

- **省级及以上创新载体数量(个)**

省级以上创新载体包括省级及以上科技企业孵化器、国家专业化众创空间、省级及以上备案众创空间及省级及以上星创天地,主要反映地区创新创业服务水平。

- **省级及以上高新区县市区覆盖率(%)**

省级以上高新区县市区覆盖率指地区内覆盖有高新区的县市区数量与地区所有县市区数量的比例。

- **省级及以上农科园县市区覆盖率(%)**

省级及以上农科园县市区覆盖率指地区内覆盖有农科园的县市区数量与地区所有县

市区数量的比例。

- **战略性新兴产业增加值（亿元）**

战略性新兴产业增加值指战略性新兴产业单位产值的增加值，战略性新兴产业范围以国家统计局发布的《战略性新兴产业分类》为准，是反映地区战略性新兴产业发展质量的重要指标。

- **战略性新兴产业增加值占地区生产总值（GDP）的比重（%）**

战略性新兴产业增加值占地区生产总值的比重，是反映产业高质量发展的指标之一。

- **高新技术产业增加值（亿元）**

高新技术产业增加值指高新技术产业单位产值的增加值，高新技术产业范围以科技部、财政部、国家税务总局发布的《国家重点支持的高新技术领域》为准，是反映地区高新技术产业附加值水平的重要指标。

- **高新技术产业增加值占地区生产总值（GDP）的比重（%）**

高新技术产业增加值占地区生产总值的比重是反映产业结构优化程度的指标之一。

- **科技服务业产业增加值（亿元）**

科技服务业产业增加值反映一个地区科技服务业发展水平，包括信息传输、软件和信息技术服务业和科学研究和技术服务业。

- **科技服务业产业增加值占地区生产总值（GDP）的比重（%）**

科技服务业产业增加值占地区生产总值（GDP）的比重主要反映地区科技服务业对地区产业结构升级以及经济水平发展的促进作用。

- **高新技术产品出口额（亿元）**

高新技术产品出口额指实际输出中国国境的高新技术产品总金额，是反映地区高新技术产品国际竞争力的重要指标。高新技术产品指纳入海关总署《中国高新技术产品出口目录》中的产品，包括生物、生命科学、光电、计算机与通信、电子、计算机集成制造、新材料、航空航天等技术领域，具有技术含量高、经济效益好和市场前景广阔的特点。

- **高新技术产品出口额占货物出口总额的比重（%）**

高新技术产品出口额占货物出口总额的比重主要反映地区高新技术产品在对外贸易发展中的支撑促进作用。

- **万元地区生产总值能耗下降率（%）**

万元地区生产总值能耗下降率指每生产一个单位的地区生产总值所消耗能源的下降

程度,是反映能源消费水平和节能降耗状况的重要指标。

- **环境质量指数(%)**

环境质量指数是根据湖南省"十四五"规划纲要中有关绿色发展中提出的空气质量优良天数、二氧化碳排放量等规划目标,设计的反映环境质量的指标,环境质量指数=城市环境空气质量优良天数比例(50%)+二氧化碳排放量(50%)。

- **每家省级及以上高新区技工贸总收入(万元/家)**

每家省级及以上高新区技工贸总收入指地区拥有的省级及以上高新区技工贸总收入的平均水平,反映地区主要经济发展载体的平均经济体量。

- **省级及以上高新区生产总值占地区生产总值(GDP)的比重(%)**

省级及以上高新区生产总值占地区生产总值(GDP)的比重指地区内拥有高新区的生产总值与市州生产总值的比重,反映地区高新区创新发展效能和经济贡献程度。

- **高新技术企业数量(家)**

高新技术企业一般指在国家颁布的《国家重点支持的高新技术领域》范围内,持续进行研究开发与技术成果转化,形成企业核心自主知识产权,并以此为基础开展经营活动的居民企业,是知识密集、技术密集的经济实体,是支撑区域高质量发展的主力军、排头兵。

- **每万家企业法人中高新技术企业数(家/万家)**

每万家企业法人中高新技术企业数指按年度企业法人数平均计算的高新技术企业数。该指标反映全省高新技术企业密度情况。

- **科技型中小企业数量(家)**

科技型中小企业数量是指获得科技部审批认定通过的科技型中小企业数量。

- **省上市后备企业数量(家)**

省上市后备企业数量是指具备省上市企业后备资格的培育企业数量。

- **规模以上工业企业研发(R&D)经费占营业收入的比重(%)**

营业收入指从事营业收入或其他业务所取得的收入,规模以上工业企业研发(R&D)经费占营业收入的比重反映规模以上工业企业的研发活力情况。

- **规模以上工业企业有研发(R&D)活动的单位占比(%)**

规模以上工业企业有研发(R&D)活动的单位占比反映企业创新发展活跃程度。

- **高校基础研究占研发(R&D)经费支出比重(%)**

高校基础研究占研发(R&D)经费支出比重是衡量高校基础研究经费投入占高校研发

（R&D）经费支出的比例，体现地区高校基础研究实力及地区对原始创新能力的重视程度。

- **科研机构基础研究占研发（R&D）经费支出比重（%）**

科研机构基础研究占研发（R&D）经费支出比重是衡量科研机构基础研究经费投入占科研机构研发（R&D）经费支出的比例，体现地区科研机构基础研究实力及地区对原始创新能力的重视程度。

- **企业研发加计扣除减免税额（亿元）**

企业研发加计扣除减免税额指享受研发费用加计扣除优惠政策的企业实际减免税额，是反映地方政府激励和引导企业开展研发活动的政策环境指标。

- **每万家企业中享受研发加计扣除企业数（个/万家）**

每万家企业中享受研发加计扣除企业数指每万家企业中，享受到研发加计扣除优惠政策的企业个数。

- **创新创业大赛获奖数量（个）**

创新创业大赛获奖数量指各地区获得省级及以上创新创业大赛奖励数量。该指标体现各地区创新创业活跃度及地区创新创业生态氛围。

- **创新创业大赛获奖金额（万元）**

创新创业大赛获奖金额指各地区获得省级及以上创新创业大赛奖励总金额。该指标体现各地区创新创业活跃度及地区创新创业生态氛围。

三、评价方法及步骤

（一）评价方法

（1）总方法：多指标综合评价法。

（2）指标权重：采用德尔菲法（专家咨询法）和熵值法结合的主观客观综合赋权法。

（3）数据标准化：区分正效指标和负效指标，分别进行无量纲化处理，并对数据边界进行合理化修正。

(二)评价步骤

(1)将三级评价指标先采用对数标准化,以降低端点极值对数据平衡的杠杆影响;再根据多目标规划原理,采用功效系数法对各项评价指标分别确定一对满意值和不允许值,以满意值为上限,以不允许值为下限,计算相应的功效评分值,作为指标的评价值。

对数标准化公式:

$$Y_{ij} = \ln\left[X_{ij} - \min(X_{ij}) + 1\right]$$

功效系数法:

$$Z_{ij} = \frac{Y_{ij} - \min(Y_{ij})}{\max(Y_{ij}) - \min(Y_{ij})} \times A + B \quad (\text{正效指标})$$

$$Z_{ij} = \frac{\max(Y_{ij}) - Y_{ij}}{\max(Y_{ij}) - \min(Y_{ij})} \times A + B \quad (\text{负效指标})$$

式中:A 为功效区间;B 为功效基准值。

(2)二级指标评分值由三级指标评价值乘以相应指标权重加权综合而成。公式如下:

$$U_{ij} = \sum_{i=1}^{n} \omega_i \times Z_{ij}$$

式中:ω_i 为各三级指标权重;n 为每个二级指标下包含的三级指标个数。

(3)一级指标评分值由二级指标评分值乘以相应指标权重加权综合而成。公式如下:

$$V_{ij} = \sum_{i=1}^{m} \varphi_i \times U_{ij}$$

式中:φ_i 为各二级指标权重;m 为每个一级指标下包含的二级指标个数。

(4)总评分值由一级指标评分值乘以相应指标权重后加权综合而成。公式如下:

$$W = \sum_{i=1}^{h} \tau_i \times V_{ij}$$

式中:τ_i 为各一级指标权重;h 为一级指标个数。